Thorben Willann

***

Konzeptionelle Weiterentwicklung eines Prozessmanagementsystems

www.salzwasserverlag.de/wirtschaft

Willann, Thorben

**Konzeptionelle Weiterentwicklung eines Pro-
zessmanagementsystems**

Reihe: bdvb-Award Geschäftsprozess- und Projektmanagement 2006/07, Band 3

Herausgeber:
Gerrit Buchenau
Steffen Rietz

1. Auflage 2007

ISBN: 978-3-86741-074-8

© CT Salzwasser-Verlag GmbH & Co. KG, Bre-
men/Hamburg, 2003-2007
(www.salzwasserverlag.de)

Die Deutsche Bibliothek verzeichnet diesen Titel in
der Deutschen Nationalbibliografie. Bibliografische
Daten sind unter http://dnb.ddb.de verfügbar.

Salzwasser
Verlag

Geleitwort des Herausgebers

Projekt- und Prozessmanagement sind zwei Themen, die sich sowohl im produzierenden, als auch im Dienstleistungsbereich branchenübergreifend schon vor Jahren etabliert haben. Methoden wurden inzwischen zu Standards, diese wiederum zu Zertifizierungsgrundlagen. Die immer noch andauernde Neu- und Weiterentwicklung dieser Methoden sowie deren Übertragung auf immer neue Anwendungsgebiete will die bdvb-Fachgruppe für Geschäftsprozess- und Projektmanagement würdigen und weiter unterstützen. Grund genug, in diesem Zusammenhang die besten Studienabschlussarbeiten zum Thema Geschäftsprozess- und Projektmanagement zu bewerten und zu prämieren.

Der Bundesverband Deutscher Volks- und Betriebswirte e.V. (bdvb) ist das „Netzwerk für Ökonomen". Als unabhängiger und Deutschlands größter Verband der Wirtschaftsakademiker vertritt der bdvb seit über 100 Jahren über verschiedene Teildisziplinen hinweg die Interessen aller Wirtschaftswissenschaftler. Der bdvb verzeichnet zur Zeit ca. 12.000 Mitglieder, wobei der Wissens- und Erfahrungsaustausch der Mitglieder in 20 Bezirksgruppen, über 20 berufsbezogenen Fachgruppen und ca. 45 Hochschulgruppen organisiert wird.

Gesucht waren im Rahmen des bdvb-Awards Studienabschlussarbeiten und Dissertationen zum Geschäftsprozess- und/oder Projektmanagement, die diese Managementmethoden weiterentwickeln oder innovativ auf neue Anwendungsgebiete übertragen. Das schließt deren Verbindung zu anderen Managementdisziplinen und die IT-gestützte Anwendung ausdrücklich ein. Durch zahlreiche Facetten des Prozess- und Projektmanagements ist auch das Spektrum möglicher Themen äußerst vielseitig. Von der Prozessmodellierung und -visualisierung, über die Prozessimplementierung und -optimierung bis hin zur Prozessevaluierung - um nur einige Beispiele zu nennen - sind zahlreiche Betrachtungen denkbar. In enger Anlehnung an das Geschäftsprozessmanagement sind auch die Spielarten des Projektmanagements zu sehen, die neue Bereiche von Struktur- oder Organisationslösungen oder verwandte Schwerpunkte fokussieren können. Entsprechend setzte sich die Gutachterkommission ganz bewusst aus Wissenschaftlern und erfahrenen Industrievertretern zusammen. Umsetzungsorientierte Arbeiten mit direktem Anwendungsbezug waren ebenso willkommen, wie methodenentwickelnde Arbeiten, die in Begleitung von Lehrstühlen oder in Forschungsinstituten entstanden sind. Die erfreulichste und vielleicht auch wichtigste Erkenntnis ist, dass die heutigen Studienabgänger, unbeirrbar von der anhaltenden Diskussion um die Art und Anerkennung von Studienabschlüssen, eine durchweg sehr hohe Qualität abgeliefert haben. Zahlreiche hochkarätige Diplomarbeiten wurden durch Master-, Magister- und Bachelorarbeiten, sogar durch zwei Dissertationen ergänzt. Ebenso erfreulich ist der Anteil der einreichenden Ingenieurinnen und Betriebswirtinnen mit fast 50%.

Ein leichtes Ungleichgewicht gab es hingegen bei der Verteilung auf die gleichermaßen promoteten Themen Geschäftsprozessmanagement und Projektmanagement. Das Projektmanagement, was u.a. in der Baubranche nie wegzudenken war und auch in den Entwicklungsabteilungen zahlreicher Unternehmen wieder bevorzugt flächendeckend angewandt wird, hatte nur jeder vierte Teilnehmer im Fokus. Andererseits spielte das Projektmanagement ganz sicher bei einigen Abschlußarbeiten zum Thema Prozessmanagement eine ganz entscheidende Rolle. Zwei Arbeiten entstanden in Kooperationen mit amerikanischen Universitäten (USA und Brasilien). Auch länderübergreifend agierende Unternehmen wie Volkswagen in China oder DaimlerChrysler, Shell und andere standen im Mittelpunkt weiterer Betrachtungen. So wundert es nicht, dass die Arbeiten aus zehn verschiedenen Bundesländern (mit bis zu sechs unterschiedliche Hochschulinstituten pro Bundes-

B

land) sowie aus Wien und Salzburg bunt gemischt in deutscher und englischer Sprache eingereicht wurden.

Ein weiterer Trend, der in den letzten Jahren beobachtet werden konnte, wird auch vom Querschnitt der für den Award eingereichten Arbeiten gut widergespiegelt: die zunehmende Praxisnähe, d.h. die Verbindung von strategischen Betrachtungen, methodischen Weiterentwicklungen und der sofortigen fallbezogenen Anwendung. Nur noch ein Drittel der Arbeiten beschäftigen sich mit der reinen Methodenentwicklung. Dies vorrangig im Umfeld komplexer Detailprobleme des Prozessmanagements oder in Form der IT-lastigen Toolumsetzung innovativer Modellierungs- und Visualisierungsmethoden. Ein weiteres Drittel arbeitete in direktem Auftrag mittlerer oder größerer produzierender Unternehmen und löste technische wie auch betriebswirtschaftliche Probleme mit Methoden des Projekt- und Prozessmanagements. Neben den hinlänglich bekannten Produktionsprozessen stehen im letzten Drittel eingereichter Arbeiten zunehmend auch Prozesse in der Medienwelt, in der Immobilienverwaltung der öffentlichen Hand, vor allem aber im Gesundheitsmanagement (Krankenhäuser und Pflegeanstalten) im Mittelpunkt. Nicht zuletzt die Gesundheitsreform erzwingt auch in diesen Bereichen inzwischen das Arbeiten entlang streng definierter prozessualer Abläufe.

Letztlich haben sich aus dem breiten Feld der Einreicher die Arbeiten nachfolgend genannter Kandidaten und heutiger Jungakademiker durchsetzen können:

Diplomarbeit von **Thorben Willan**
Betreuung: Prof. Dr. Dietrich Ziems am Institut für Förder- und Baumaschinentechnik, Stahlbau und Logistik der Otto-von-Guericke-Universität Magdeburg
"Konzeptionelle Weiterentwicklung eines Prozessmanagementsystems"

sowie (weiter in alphabetischer Reihenfolge)

Diplomarbeit von **Evamaria Buchhop**
Betreuung: Frau Prof. Dr. Sabine Haller am Lehrstuhl für Allgemeine BWL der Dienstleistungen der Fachhochschule für Wirtschaft Berlin
"Prozesse managen: die zeitliche Erfassung von Kernprozessen als Teil der Prozessanalyse – Ein Beispiel aus dem Krankenhausbereich"

Diplomarbeit von **Petra Dietrich**
Betreuung: Prof. Hendrik Brumme am Institut für Produktionsmanagement im Fachbereich School of International Business der Fachhochschule Reutlingen:
"Analyse, Benchmarking und Optimierung des Produktprojektmanagements der DaimlerChrysler Commercial Vehicles Division"

Diplomarbeit von **Silvan Gerhard Faber**
Betreuung: Prof. Dr. Konrad Spang am Lehrstuhl für Projektmanagement am Institut für Arbeitswissenschaft der Universität Kassel:
„Partnerschaftliche Abwicklung von Bauprojekten im internationalen Vergleich - Möglichkeiten und Grenzen sowie Schlussfolgerungen für den deutschen Baumarkt"

Diplomarbeit von **Florian Johannsen**
Betreuung: Frau Prof. Dr. Susanne Leist am Lehrstuhl für Wirtschaftsinfor-

matik III / Business Engineering der Universität Regensburg:
"Transformation von Modellierungssprachen – Bewertung XML-basierter Ansätze"

Dissertation von **Dr. Dirk Werth**
Betreuung: Prof. Dr. Peter Loos am Institut für Wirtschaftsinformatik der Universität des Saarlandes:
"Kollaborative Geschäftsprozesse – Integrative Methoden zur modellbasierten Deskription und Konstruktion"

Wir gratulieren ganz herzlich und wünschen den Preisträgern einen erfolgreichen Berufseinstieg. Gleichzeitig bedankt sich die Fachgruppe für Geschäftsprozess- und Projektmanagement bei den Gutachtern für die sach- und fachgerechte Unterstützung sowie bei den Sponsoren, die durch Unterstützung verschiedenster Art diese Ausschreibung und Prämierung erst ermöglichten.

Der bdvb-Award für Geschäftsprozess- und Projektmanagement 2006 wurde finanziell und tatkräftig unterstützt von:

Actano GmbH **München** (www.actano.de)	**euro engineering AG** **München** (www. euro-engineering.de)	**IMAS Consulting** (www.imas-consulting.com)	**Diplomica GmbH** (www.diplom.de)

Einige der prämierten Arbeiten, sofern keine Sperrvermerke vorliegen, sind in der Reihe „bdvb-Award Geschäftsprozess- und Projektmanagement 2006/07" zusammengefasst und veröffentlicht. Zur allgemeinen Einstimmung auf die Arbeit von Hrn. Willan seien Passagen aus den Gutachten auszugsweise zitiert:

Die Arbeit von Hrn. Willan befasst sich mit einem ganzheitlichen, integrativen Prozessmanagement eines mittelständischen Maschinen- und Anlagenbauers. Ein bestehendes Prozessmanagementsystem soll dabei erweitert und zu einem Werkzeug des Mitarbeiters für prozessorientiertes Handeln ausgebaut werden. Letztliches Ziel ist das Geschäftsprozessmanagement als unternehmerische Kernkompetenz.

Das Thema besitzt hohe Aktualität und wirtschaftliche Bedeutung – nicht nur für das betrachtete Unternehmen. Es werden daher eingangs Grundlagen diskutiert und systematisiert, wobei auch tangierende Managementkonzepte, wie z.B. das Wissensmanagement und das Change Management in Ihrer jeweiligen Beziehung zum Prozessmanagement erläutert werden. Diese theoretischen Betrachtungen fassen das Wissen zum Prozessmanagement derart prägnant und systematisch zusammen, dass es künftig als Lehrmaterial, u.a. im Lehrgebiet Logistikprozessanalyse für mehrere Studiengänge an den Universitäten in Magdeburg und Santa Clara/Cuba verwendet werden.
Auf diese detaillierte Vorarbeit folgt die ebenfalls sehr detaillierte Dokumentation einer erfolgreichen Anwendung. Systembilder, Checklisten und Wirkkettenbetrachtungen verschaffen einen schnellen Überblick über die aktuelle Situation eines mittelständischen Ma-

D

schinen- und Anlagenbauers. Das parallel entwickelte Konzept für die Zukunft entsteht Schritt für Schritt, top down beginnend mit einer unternehmenseigenen Vision des Prozessmanagementsystems, zu deren Umsetzung eine sog. Prozessmanagement-Dienstleistung kreiert und mit ihren Hauptaufgaben beschrieben wird. Ziele werden abgeleitet und zu einem komplexen Zielsystem vernetzt, wobei Hr. Willan die Messbarkeit und die differenzierte Bedeutung der Ziele nie aus dem Auge verliert. In Relation dazu wird dann auch der erwartete Nutzen dargestellt.

Aus der Analyse der Ist-Situation und dem für die Zukunft definierten Konzept wird ein unternehmensspezifischer Maßnahmenkatalog und Handlungsleitfaden abgeleitet. Nachvollziehbar ergibt sich daraus eine andere Rollenverteilung der Akteure, die Hr. Willan nachfolgend auch partizipativ in die Detaillierung des Konzeptes und dessen Umsetzung einbindet. Die Unternehmensspezifika sind dabei so transparent dargestellt, dass sie leicht identifizierbar und folglich auch leicht modifizierbar sind. **So sind von der Vision des Prozessmanagementsystems bis hin zu konkreten Einzelmaßnahmen alle Vorgehensweisen auf Unternehmen vergleichbarer Größe und Charakteristik leicht übertragbar.** Einige Einzelmaßnahmen, insbesondere aus dem Bereich der Prozessmodellierung und -visualisierung werden bis einschließlich des Umsetzungserfolgs dokumentiert.

Letztlich sind Defizite gezielt beseitig und es ist ein **harmonischer Methodenkanon entstanden, der nicht nur seine Funktionsfähigkeit im praktischen Einsatz bereits bewiesen hat, sondern auch als Master zum weltweiten Roll out** zur Verfügung steht.

Gerrit Buchenau
Steffen Rietz
bdvb-Fachgruppe für Geschäftsprozess- und Projektmanagement

Kurzreferat

Dieser Bericht stellt das Prozessmanagement bei der MECH AG auf den Prüfstand. Das zentrale Thema ist, wie Prozessmanagement zu einem Werkzeug des Mitarbeiters für prozessorientiertes Handeln werden kann. Dafür wird das gesamte Umfeld im Prozessmanagement analysiert, um über die ermittelten Ergebnisse aufzuzeigen, dass es zu viele Einzellösungen gibt und dass ein ganzheitliches Konzept fehlt.

In Form einer Vision wird die Weiterentwicklung für ein aktiveres, gelebtes Prozessmanagement vorgestellt. Ein Maßnahmenkatalog konkretisiert anschließend den Blick in die Zukunft anhand von Problemgruppen mit entsprechenden Handlungsempfehlungen. Um das Konzept zu kommunizieren und die Maßnahmen zu priorisieren, wird eine Aufwand-Nutzen-Bewertung durch die im Prozessmanagement beteiligten Personen durchgeführt. Aus der ermittelten Rangfolge der wichtigsten Maßnahmen wird ein Handlungsplan für die konkrete Umsetzung entworfen.

Eine vom Aufwand und Nutzen positiv bewertete Problemgruppe, die grafische Standardisierung der Prozesse, soll die Umsetzung des Konzeptes einleiten und wird deshalb exemplarisch bearbeitet. Durch eine Prozessmodellierung werden dabei Prozesse neu gestaltetet und anschließend als weltweiter Standard der MECH AG etabliert.

Für ein gleich bleibend hohes Niveau im Prozessmanagement ist es notwendig, sich kontinuierlich über den Stand der Theorie zu informieren und Erfolg versprechende Konzepte für die Praxis weiterzuentwickeln. Deswegen werden auch Aspekte wie Wissensmanagement, Change Management und der Umgang mit der Komplexität sowohl theoretisch erläutert als auch konkret für die MECH AG eingebaut, um eine Ganzheitlichkeit des Konzeptes zu erreichen.

Die in dieser Arbeit verwendeten Firmeninformationen wurden anonymisiert. Neben dem frei erfundenen Firmennamen, MECH AG, wurden auch Abteilungen und Projektbezeichnungen geändert.

Inhaltsverzeichnis

Abkürzungsverzeichnis

BPR   Business Process Reengineering

BSC   Balanced Scorecard

CRT   Current Reality Tree

DL   Dienstleister, Dienstleistung

ED   eigene Darstellung

EPK   Ereignisgesteuerte Prozesskette

ERP   Enterprise Resource Planning

FRT   Future Reality Tree

KPI   Key Point Indicator

KVP   Kontinuierlicher Verbesserungsprozess

MA   Mitarbeiter

MS   Managementsysteme

PIT   Prozess Identifikation Template (Referenzprozess bei der MECH AG)

PLK   Prozesslandkarte

PM   Prozessmanagement

PMS   Prozessmanagementsystem

SAP   Systeme, Anwendungen und Produkte in der Datenverarbeitung

SEA   Standardisierung europäischer (Prozess-) Abläufe

SCM   Supply Chain Management

UDE   Unerwünschter Effekt

UML   Unified Modeling Language

Abbildungsverzeichnis

Tabellenverzeichnis

1 Einleitung

1.1 Motivation des Themas und Vorstellung des Unternehmens

Prozessorientierung und die damit verbundene Kundenorientierung sind Schlag-wörter, die seit Jahren im Management fallen, wenn es darum geht, Unternehmen bei wachsendem Wettbewerbsdruck nachhaltig gewinnbringend aufzustellen. Die MECH AG hat sich der Herausforderung als großes, mittelständisches Unternehmen vor neun Jahren gestellt und den Aufbau eines Prozessmanagements begonnen. Aus der ehe-maligen Qualitätssicherung ist ein leistungsfähiges Managementsystem entwickelt worden, welches vom deutschen Mutterkonzern aus, Schritt für Schritt die weiteren, weltweit angesiedelten Niederlassungen integriert.[1] Unabhängig von der Entwicklung wurde vor fünf Jahren beschlossen, die dezentrale, redundante Datenhaltung, resultie-rend aus den unterschiedlichen ERP-Systemen, abzuschaffen. Um die Basis für eine stark verbesserte, Niederlassungsübergreifende Zusammenarbeit aufzubauen, wird zurzeit ein einheitliches System im Rahmen eines mehrjährigen, interdisziplinären Pro-jektes implementiert.

Obwohl das Managementsystem als auch das Projekt, Prozesse und Standards vorgeben und beeinflussen, wurde eine abteilungsübergreifende Zusammenarbeit noch nicht angestrebt.

In einigen Punkten sind sich alle Beteiligten einig: Prozessmanagement ist eine Dienstleistung für den Mitarbeiter als Kunden. Kontinuierliche Verbesserung und „über den Tellerrand schauen" sind erklärte Ziele der Prozessorientierung. Jedoch ist das Potenzial diesbezüglich nicht vollkommen ausgeschöpft. Prozessmanagement wird in den seltensten Fällen richtig „gelebt".

Um die angestrebten Unternehmensziele, wie hohe Effektivität und hohe Zuver-lässigkeit, zu erreichen, ist ein effizientes und effektives Prozessmanagement als Grundlage und als Unterstützung erforderlich. Der Mitarbeiter muss ein Mitstreiter in Angelegenheiten der Prozess- und Kundenorientierung werden. Neun Jahre nach dem Startschuss des Managementsystems und fünf Jahre nach dem Beginn des Reorgani-sationsprojektes wird das geschaffene Umfeld auf den Prüfstand gestellt. Die Fragen sind, wo Potenziale durch eine gemeinsame, ganzheitliche Lösung im Prozessmana-gement existieren und wie diese genutzt werden können. Damit letztendlich das Pro-zessmanagement das Handeln der Mitarbeiter mehr als bisher unterstützt.

Die MECH AG ist eine international tätige Unternehmensgruppe mit mehreren tausend Mitarbeitern. Hergestellt werden elektronische und mechanische Komponen-ten der Fahrzeugtechnik. Es gibt Produktions- und Montagewerke in aller Welt und ein flächendeckendes Service- und Vertriebsnetz.[2]

---

[1] Das Managementsystem ist unter anderem nach DIN ISO 9001 zertifiziert.
[2] Daten und Inhalte wurden anonymisiert.

1.2   Aufgabenstellung und Ziel des Projektes

Aufgabe dieser Ausarbeitung ist es, das aktuelle Prozessmanagement der MECH AG zu analysieren und anhand der Ergebnisse und des vorhandenen Umfeldes konzeptionelle Vorschläge zur Weiterentwicklung zu machen. Dabei ist eine ausführliche Untersuchung hinsichtlich der verwendeten Inhalte, der Methoden und des allgemeinen Aufbaus für den Fall der MECH AG nötig.

Schwerpunkte sind neben einer Ist-Analyse, die Entwicklung einer Vision für das zukünftige Prozessmanagement und die Erstellung eines Maßnahmenkataloges, der die Umsetzung des Konzeptes über den Zeitrahmen der Projektbearbeitungsdauer hinaus gewährleisten soll. Um das Konzept mit Leben zu füllen, soll die Wirkung der einzelnen Maßnahmen abgeschätzt und Teile des Maßnahmenkatalogs, insbesondere die grafische Prozessstandardisierung, bearbeitet werden.

Ziel ist es, zum Abschluss des Projektes einen Transformationsprozess angestoßen zu haben, welcher getragen durch die Vision und den beschriebenen Maßnahmen, eine Verbesserung des Prozessmanagements für die MECH AG erwirkt. Wichtig ist, dass das Konzept nachhaltig, aber auch flexibel gestaltet ist und die Möglichkeiten, aber auch die notwendigen Grundlagen aufzeigt, um so eine Unternehmensperspektive im Prozessmanagement zu skizzieren.

1.3   Vorgehensweise zur Erreichung der Zielstellung

Zunächst werden wichtige theoretische Grundlagen recherchiert (**zweites Kapitel**). Dazu zählen ausgewählte Begriffe im Prozessmanagement, allgemeine Anforderungen an ein Prozessmanagement und der Ablauf der Einführung eines Prozessmanagementsystems. Außerdem werden weitere Konzepte, die Einfluss auf das Prozessmanagement haben, erläutert.[3]

Im **dritten Kapitel** wird der Ist-Zustand bei der MECH AG vorgestellt und analysiert. Dabei werden die Anforderungen aus dem Kapitel der theoretischen Grundlagen übernommen und qualitativ mit der bestehenden Lösung verglichen. Das Kapitel soll zeigen, welche Defizite im Prozessmanagement existieren. Dafür werden unterschiedliche Methoden eingesetzt, die aus verschiedenen Blickwinkeln das Kernproblem ermitteln.

Die Ergebnisse der Ist-Analyse werden im **vierten Kapitel** übernommen, um eine eigene Vision des Prozessmanagementsystems zu entwerfen. Die Vision stellt das Soll-Konzept dar. Es werden Ziele definiert und eine Organisationsstruktur vorgestellt, die die neue Vision tragen sollen. Eine Wirkungsanalyse soll außerdem zeigen, inwiefern die Ziele miteinander verträglich sind und ob sie sich unterstützen. In diesem Ka-

---

[3] Die einzelnen Theoriethemen werden nur in einem kleinen Rahmen, aber mit einer sehr großen Bandbreite abgehandelt, da im vorliegenden Fall der MECH AG zwei bestehende Systeme miteinander verbunden werden, deren unterschiedliche Ausrichtung und Struktur berücksichtigt werden.

pitel werden die Vorteile und der Nutzen durch eine Verbesserung des Prozessmanagements für die MECH AG herausgearbeitet.

Die einzelnen Maßnahmen, die aus der Vision und den Zielen abgeleitet sind, werden im **fünften Kapitel** beschrieben. Um ein Engagement und Commitment für das entwickelte Konzept zu erreichen, wird der Maßnahmenkatalog von den betroffenen Personen bewertet.[4] In Form einer Aufwand-Nutzen-Analyse wird eine Rangfolge der wichtigsten Maßnahmen ermittelt. Abschließend werden die bewerteten Maßnahmen in Zusammenhang mit der Vision und den Zielen gesetzt, um eine qualitative Aussage zur Machbarkeit des Konzeptes zu erhalten.

Im **sechsten Kapitel** wird im Rahmen der Umsetzung des Maßnahmenkataloges eine Prozessart bei der MECH AG komplett überarbeitet. Um eine einheitliche Vorgehensweise festzulegen, wird eine Verfahrensanweisungen mit den Symbolen und Regeln der Prozessgestaltung entwickelt. Auf dieser Basis werden anschließend die Prozesse in Zusammenarbeit mit den verantwortlichen Fachbereichen modelliert. Die neu gestaltete Prozessart wird in die bestehenden Prozesse bei der MECH AG eingebettet und den Mitarbeitern als neuer Standard vorgestellt. Abschließend werden die Veränderungen und Auswirkungen durch die neuen Prozesse für das Prozessmanagement aufgezeigt.

Das **siebte Kapitel** beschreibt wesentliche Ergebnisse der Arbeit und zieht abschließend ein Resümee. Es wird einen Ausblick auf die weitere Entwicklung des MECH Prozessmanagements hinsichtlich des bis dahin Erreichten gegeben.

In **Abbildung 1-1** ist die Vorgehensweise bei diesem Projektbericht zusammengefasst, schematisch dargestellt.

---

[4] Vgl. [SPA98], S.44. Ein Maßnahmenplan ist die Grundlage für Engagement und Commitment.

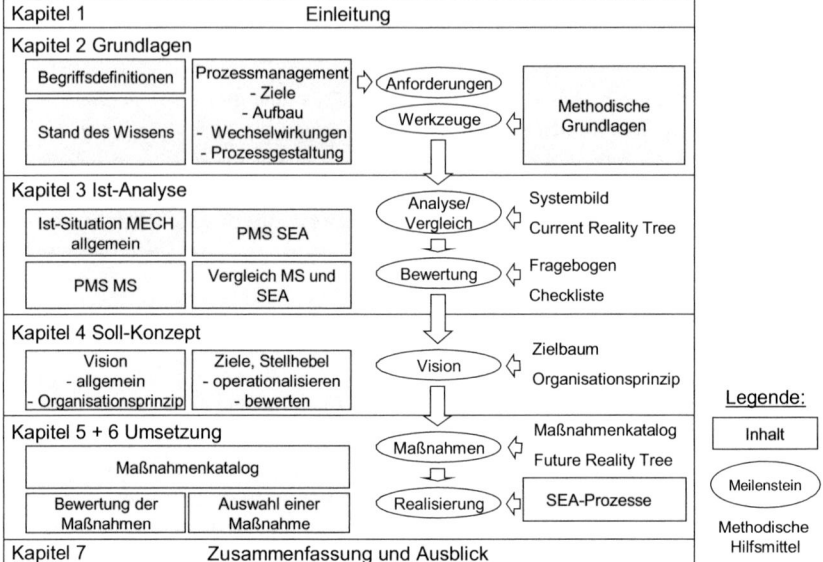

Abbildung 1-1: Vorgehensweise [ED][5]

---

[5] Mit [ED] sind in der gesamten Arbeit die eigenen Darstellungen gekennzeichnet.

2 Aufbereitung der theoretischen Grundlagen

2.1 Einleitung

Abbildung 2-1 zeigt die in diesem Kapitel bearbeiteten Grundlagen. Es werden zunächst Begriffe erklärt und wichtige Anforderungen und aktuelle Einflüsse im Prozessmanagement beschrieben. Ein Handlungsplan zeigt die notwendigen Schritte und Inhalte für den Aufbau des Prozessmanagements auf. Anschließend werden den Integrationsprozess begleitende Probleme und Erfolge beschrieben und die Grundlagen der Prozessmodellierung recherchiert.

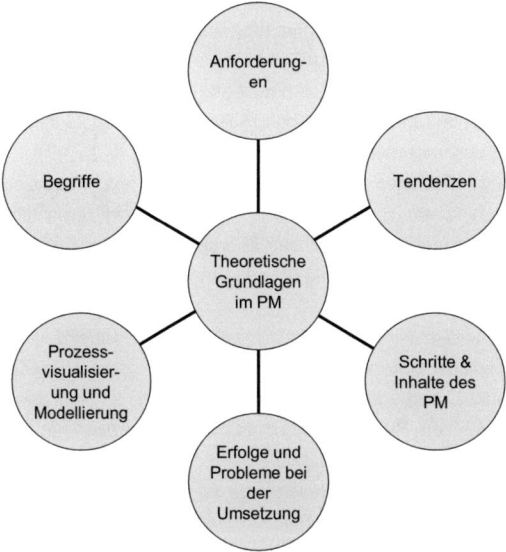

Abbildung 2-1: Wichtige theoretische Grundlagen im Prozessmanagement [ED]

Die auf den folgenden Seiten beschriebenen Grundlagen dienen der Analyse und Weiterentwicklung im MECH Prozessmanagement. Für einen kompletten Prozessmanagement-Neuaufbau ohne „Vorbelastung" ist folgende Literatur als Ergänzung zu empfehlen: „Prozessmanagement" von M. Gaitanides u.a.[6], „Geschäftsprozessmanagement in der Praxis" von H.J. Schmelzer u.a.[7] und die Reihen der DIN ISO 9000ff.[8]

---

[6] [GAI94].
[7] [SCH04].
[8] Vgl. [DIN9000], [DIN9001].

2.2   Begriffsdefinitionen

Es gibt viele verschiedene Prozessdefinitionen, wovon drei beispielhaft vorgestellt werden sollen: M. Hammer ([HAM94]) beschreibt einen **Prozess** kurz als „ein
Bündel von Aktivitäten zur Aufgabenerledigung".[9] Für Rosemann ([ROS96]) stellt dage-
gen ein (Geschäfts-) Prozess die inhaltlich abgeschlossene, zeitliche und sachlogische
Abfolge der Funktionen dar, die zur Bearbeitung eines betriebswirtschaftlich relevanten
Objekts ausgeführt werden.[10] Laut DIN-Norm ist ein Prozess ein „Satz von in Wechsel-
beziehung oder Wechselwirkung stehenden Tätigkeiten, der Eingaben in Ergebnisse
umwandelt".[11]

Die Erklärungen zeigen das breite Spektrum an Prozessdefinitionen. Im Rahmen
dieses Projektes ist ein Prozess in Anlehnung an [STR88] „...die Abfolge von Tätigkeiten, Aktivitäten und Verrichtungen zur Schaffung von Produkten oder Dienstleistungen,
die in einem direkten Beziehungszusammenhang stehen und die in ihrer Summe den
betriebswirtschaftlichen, produktionstechnischen, verwaltungstechnischen und finan-
ziellen Erfolg des Unternehmens bestimmen."[12]

Alle Prozessdefinitionen haben gemeinsam, dass als wesentliche Komponente
im Prozess die Funktionen (bzw. Tätigkeiten, Aktivitäten und Verrichtungen) gelten. Ein
Unterscheidungsmerkmal besteht in der Zuordnung der Prozesse (zu betriebswirtschaftlichen Objekten oder zum Erfolg des Unternehmens).

In einiger Literatur wird zwischen Prozess und **Geschäftsprozess** unterschieden.[13] Wenn ein solcher Unterschied ausgearbeitet wird, ist es entweder, dass der Prozess ein Über- oder Unterbegriff des Geschäftsprozesses ist oder dass der Geschäftsprozess im Vergleich zum Prozess einen direkten Kundenbezug hat.[14]

Im Rahmen dieser Ausarbeitung unterscheiden sich Geschäftsprozesse von Prozessen verwaltungstechnisch. Ein Geschäftsprozess ist einer einzelnen Niederlassung
(Geschäftseinheit) zuzuordnen. Prozesse sind hingegen übergeordnet verbindlich und
gültig.

Weitere Begriffe, wie Referenzprozess, Schlüsselprozess oder Wertschöpfungs-
prozess sind spezielle **Prozessarten** (Prozessausprägungen).

Wenn mehrere Prozessarten aufeinander abgestimmt sind, spricht man von einer
so genannten **Prozessstruktur**. Eine mögliche Einteilung ist die Unterscheidung in
Führungs-, Schlüssel- und Stützprozesse. Mit **Führungsprozessen** sind die Prozesse
der Unternehmensführung (des Managements) gemeint, die die Strategie und die

---

[9] [HAM94], S. 5.
[10] [ROS96], S. 9.
[11] Vgl. [DIN9000], S. 18. Kritiker werfen dieser Definition vor, dass der Prozess sehr allgemein gehalten
    ist und alle möglichen Aktivitäten meinen kann und man damit vom hundertsten ins tausendste
    kommt (Vgl. [SCH04], S. 29).
[12] [STR88], S. 20.
[13] [GAI94] schreibt nur von Prozessmanagement und meint damit auch Geschäftsprozessmanagement.
    [SCH04] schreibt, dass die Geschäftsprozesse vielmehr als nur Prozesse sind.
[14] Vgl. [ROS96], S. 8ff.

Grundlagen des Prozessmanagements vorgeben. Die Kernleistung erwirtschaften die **Schlüsselprozesse**. Sie bringen unmittelbar Wertschöpfung für den Kunden und stellen auch die Kernkompetenzen des Unternehmens dar.[15] Nicht unmittelbar an der Wertschöpfung beteiligt, aber durchaus entscheidend für den reibungslosen Prozessablauf sind die **Stützprozesse**. Wie der Name sagt, unterstützen sie die Schlüsselprozesse.[16]

In Abbildung 2-2 ist eine mögliche Prozessstruktur unter Einordnung der zuvor definierten Prozessarten dargestellt. Die vertikalen Linien im Bild zeigen die Schnittstellen zwischen den unternehmensinternen Prozessen und den kundenspezifischen Prozessen.

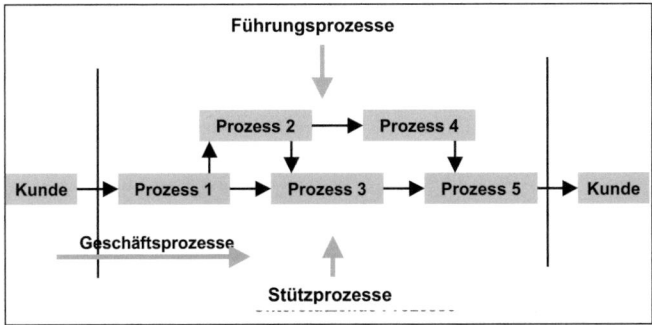

Abbildung 2-2: Prozessstrukturierung nach [LAM02][17]

Ein Prozess kann unterschiedlichen Geltungsanspruch haben.[18] Er kann Ist-, Soll- oder Idealprozess sein.[19] Oft wird ein Sollprozess durch einen **Referenzprozess** dargestellt. In Rahmen dieses Projektes ist der Referenzprozess eine Prozessvorlage, die als Muster für den Soll-Zustand der Prozesse entwickelt wird. Es gibt auch Referenzprozesse, die ohne Verbindlichkeit durch einen Sollzustand existieren. In diesem Fall wäre der Prozess ein Beispiel, eine Vorlage oder ein Muster, welches auf spezielle Bedingungen angepasst wird.

In **Tabelle 2-1** sind die wichtigsten Prozessbegriffe zusammengefasst dargestellt und in Kurzform noch einmal beschrieben.

---

[15] [KOS02], S. 83.
[16] [KOS02], S. 83.
[17] [LAM02], S. 22.
[18] Vgl. [ROS96], S. 31. Auf diesen Zusammenhang wird noch in Kap. 2.4.3 eingegangen.

Tabelle 2-1: Zusammenfassung der Prozessdefinitionen

Prozessart	Begriffsinhalt
Geschäftsprozesse	...sind auf eine Geschäftstätigkeit ausgerichtet und haben einen direkten Kundenbezug (interner und externer Kunde).
Schlüsselprozesse	...schaffen einen Mehrwert für den Kunden.
	Synonyme sind Kernprozess oder auch Wertschöpfungsprozess.
Stützprozesse	...unterstützen die Schlüsselprozesse und haben keinen unmittelbaren Wertschöpfungsbezug.
Führungsprozesse	...sind Prozesse des Managements.
Referenzprozesse	...dienen als Vorlage, Muster oder Beispiel.
	Synonyme sind Musterprozess, Soll-Prozess oder Prozessvorlage.

Für die schematische Darstellung von Arbeitsabläufen nach bestimmten Regeln werden **Prozessmodelle** erstellt.[20] Sie unterstützen die Identifikation, Definition, Gestaltung und Evaluation der Prozesse.[21] **Prozessmodellierung** ist der Aufbau und die Weiterentwicklung von Prozessmodellen.[22]

Viele Autoren fordern im Rahmen der Prozessgestaltung den Einsatz von Prozesslandkarten zur übersichtlichen Beschreibung der Prozesse.[23] Eine **Prozesslandkarte** (auch Prozesslandschaft genannt) stellt in der Regel alle Prozesse mit Kunden- oder Prozessbezug entsprechend des Abstraktionsgrades auf einer Karte dar.[24] Zum Beispiel zeigt eine Prozesslandkarte eines gesamten Unternehmens die 5-8 Schlüsselprozesse, die die Haupttätigkeiten des Unternehmens beschreiben.

In jedem Unternehmen gibt es eine Aufbau- und eine Ablauforganisation. Mit **Prozessmanagement (PM)** ist die konkrete Ausrichtung aller Bemühungen auf Prozesse bzw. auf den Kunden gemeint. Die Führung, Organisation und das Controlling von Prozessen wird mit dem Ziel der Steigerung von Effektivität und Effizienz verfolgt.[25] Dabei werden Maßnahmen mit den Zielen Qualität, Zeit, Kosten und Kundenzufriedenheit, über die gesamte Wertschöpfungskette gesteuert.[26]

Im Prozessmanagement wird zum Teil auch vom **Prozessmanagementsystem (PMS)** gesprochen. Ein System ist allgemein definiert als eine Anzahl von Elementen, die in Wechselbeziehungen oder Wechselwirkungen stehen.[27] Außerdem ist ein System etwas in sich geschlossenes. Folglich besteht ein Prozessmanagementsystem aus

---

[19] Vgl. [ROS96], S. 32. Auf diesen Zusammenhang wird noch in Kap. 2.4.3 eingegangen.
[20] [ABO04], S. 5f.
[21] [SCH04], S. 157ff.
[22] in Anlehnung an [ROS96], S. 18. Die Erstellung eines Modells nennt man Modellierung.
[23] Vgl. z.B. [ELL04], die [VDA12] oder [BES04].
[24] [VDA12], S. 35.
[25] [SCH04], S. 5.
[26] [GAI94], S. 3.
[27] [DIN9000], S. 20.

verschiedenen Prozessen, Strukturen und Regeln, die in einem Verbund aufeinander wirken.

Der Begriff des Systems wird im Rahmen des Projektberichtes häufiger verwendet, um die beiden bei der MECH AG vorhandenen Prozessmanagementsysteme voneinander abzugrenzen und zu verdeutlichen, dass sie, gemäß der Definition eines Systems, unabhängig voneinander existieren.[28]

2.3 Aktueller Entwicklungsstand im Prozessmanagement

Um den aktuellen Entwicklungsstand im Prozessmanagement aufzuzeigen, wird erst einmal die Entwicklung in der Fachliteratur vorgestellt. Anschließend werden, anhand von aktuellen Studien, der Umsetzungsgrad in den Unternehmen und die praxisnahe Seite der Entwicklung präsentiert.

Anfang der neunziger Jahre begonnen, hatte Mitte der neunziger das Prozessmanagement erstmalig Hochkonjunktur. Höherer Kostendruck, stärkerer Wettbewerb und starre Strukturen führten dazu, dass Unternehmen Umsatzziele nicht erreichten.[29] Prozessmanagement schien das Patentrezept für die Lösung der Probleme zu sein.[30] Einer der Gründe für den Aufschwung war die Veröffentlichung von „Business Reengineering" von Hammer und Champy.[31] Sie berichteten von enormen Einsparungen durch Prozessmanagement. Hindernisse wurden weitgehend ignoriert. So gab es z.B. keinen praktikablen Anwendungsplan, der Unternehmensgröße oder –art berücksichtigte.[32] Nachdem die erste Euphorie Ernüchterung und Problemen wich, vollzog sich auch in der Fachwelt ein Wandel.[33] Das „Wie ich Kundenorientierung erreiche" stand wieder mehr im Vordergrund, nachdem zuvor das „Was ich dafür alles brauche" diskutiert wurde. Praktisch, praktikabel oder pragmatisch wurden die Begriffe, die im Zusammenhang mit Prozessmanagement zunehmend genannt wurden.[34]

Die DIN ISO 9000ff.-Zertifizierung entwickelte sich im Laufe aus dem Prozessmanagementboom und ist im Laufe der Zeit zu einem elementaren Bestandteil in vielen Unternehmen geworden. Aus dem Qualitätswesen entsprungen, stellt die Überprüfung der Richtlinie heute einen wichtigen Nachweis für Prozessorientierung und somit auch Kundenorientierung dar. Im Jahr 2000 wurde sie auf Druck der zertifizierten Unternehmen komplett überarbeitet.[35] Die neue Version setzt die Schwerpunkte neben

---

[28] Die Erweiterung des Begriffes Prozessmanagement um den Begriff System symbolisiert nur die Abgeschlossenheit. Es gibt folglich kein Prozessmanagement das nicht auch als System bezeichnet werden kann.

[29] Vgl. [GAI94], S 2.

[30] [SCH03], S. XVII.

[31] Vgl. [HAM94].

[32] [SCH04], S 3ff.

[33] Der Vergleich zwischen [HAM94] und [HAM96] zeigt, dass auf das „wie führe ich es ein" und damit die Fokussierung auf den Mitarbeiter zu wenig Wert gelegt wurde. M. Hammer hat einmal in einem Interview folgenden Satz zu seinen vorherigen Ausführungen des Business Reengineering gesagt: I forgot about the people (The Wall Street Journal, „The next big thing", 26. November 1996).

[34] Vgl. z.B. [HEL02] oder [SCH03].

[35] Es gibt insgesamt vier Normen: DIN EN ISO 9000 (Qualitätsmanagementsysteme – Grundlagen und Begriffe), DIN EN ISO 9001 (Qualitätsmanagementsysteme – Forderungen), DIN EN ISO 9004

der Prozessorientierung auf die Beschreibung des Wandels vom statischen Qualitätswesen zu einem dynamischen Handeln im Sinne der Qualität.[36]

Aus heutiger Sicht haben sich die Kernthemen im Prozessmanagement kaum
geändert.[37] Prozessmanagement ist nach wie vor kein Selbstzweck, sondern die konsequente Umsetzung der Kunden- oder Leistungsorientierung, womit Effizienzstei-
gerung und Kostenreduzierung erreicht werden soll.[38] Die Integration der Mitarbeiter
am ganzheitlichen Prozessdenken stellt jetzt eine der Hauptherausforderungen dar.[39]
Auch werden vor allem in jüngeren Veröffentlichungen die Zusammenhänge des Prozessmanagements zu anderen Managementmethoden aufgezeigt.[40] Prozessmanagement gilt in seinen Grundzügen nicht mehr als alleiniges Patentrezept für ein Unternehmen, sondern es wird diskutiert, mit welchen Mittel es erreicht werden kann.[41] Bü-
cher zu Wissensmanagement, Change Management und Komplexitätsmanagement im
Zusammenhang mit Prozessmanagement beweisen diese Tendenz der Integration und
mitarbeiterorientierten Anwendung.[42]

Ein noch offener Punkt ist auch die Nachweisbarkeit der Effizienz des Prozessmanagements. Eine praktikable Kosten- oder Ergebnisrechnung existiert noch nicht.[43]

Anhand von aktuellen Studien wird der Stand der Umsetzung der Theorie in den
Unternehmen erarbeitet.

Die Gesellschaft Zukunftsweg hat nach der Bedeutung von Prozessmanagement
gefragt. 96% der befragten Unternehmen gaben dabei an, dass aktuell Prozessmanagement für sie wichtig oder sogar sehr wichtig ist.[44] Die gleiche Frage wurde in einer
anderen Studie (von IDS Scheer) auch gestellt. Dort haben 67% der Unternehmen
angegeben, dass sie sich mindestens stark mit Prozessmanagement beschäftigen.
Über die letzten Jahre gesehen gibt es bei dieser Frage ein leicht absteigende Tendenz (76% in 2004, 81% in 2003).[45] Dem ungeachtet ist Prozessmanagement ein wichtiger Bestandteil, um die Umsatzziele zu erreichen. Bei 71,7% der von IDS Scheer befragten Unternehmen befindet sich das Prozessmanagement im Aufbau oder es gilt als
laufender Prozess. Knapp 7% planen kein Prozessmanagement im Unternehmen zu
implementieren.[46]

(Qualitätsmanagementsysteme – Leitfaden), DIN EN ISO 10011 (Qualitätsmanagementsysteme –
Audits – Leitfaden).
[36] [DIN9001], S. 1f.
[37] Vgl. [SCH04].
[38] [IDS05], S. 11
[39] [HEL02], S. 36.
[40] Vgl. z.B. [SCH04].
[41] Vgl. [ABO04].
[42] Vgl. [KOS02], [ABE02], [SCH04], [FRE00].
[43] [HEL02], S. 36.
[44] Vgl. www.zukunftsweg.de, Abruf am 10.10.2005.
[45] Vgl. [IDS20], S. 8f.
[46] Vgl. [IDS20], S. 8ff.

Handlungsschwerpunkte für die Unternehmen gibt es laut der Studien in vielen Bereichen: So wird die eigene Prozessgestaltung oft nur als befriedigend bewertet.[47] Die Standardisierung der Arbeitsabläufe ist nach wie vor nicht abgeschlossen und eine der Kernaufgaben.[48] Auch die Prozessorganisation wird oft als nicht gut befunden. Die Beurteilung pendelt seit vier Jahren knapp um die Note 2,9.[49] Die schlechte Bewertung kann vor allem auch daran liegen, dass 3 von 10 Prozessen nach wie vor nach Abteilungen definiert werden.[50]

Zusammenfassend zeigt dieser kurze Überblick über die Studien, dass Prozessmanagements eine beständige Aufgabe und Herausforderung für die Unternehmen ist. In Zukunft wird es einen vermehrten Wissens- und Methodeneinsatz im Prozessmanagement geben. Außerdem wird laut Expertenmeinung die Prozessorientierung zunehmend die Unternehmensgestaltung beeinflussen.[51] Nicht zuletzt glaubt jeder der Befragten, dass die zukünftige Bedeutung nicht abnehmen wird (66% zunehmend, 34% gleich bleibend).[52]

2.4 Grundlagen im Prozessmanagement

2.4.1 Der Weg zur Prozessorientierung

Prozessmanagement wird in der Regel in Form eines übergreifenden Projektes eingeführt und anschließend gelebt, d.h. aktiv angewendet und kontinuierlich verbessert. Ziel ist es, eine unternehmensweite Prozessorientierung, die durch hohe Prozessqualität und Prozesseffizienz sich direkt auf Kunden- und Mitarbeiterzufriedenheit auswirkt, zu erreichen.[53]

Effizienz beschreibt in diesem Zusammenhang „das richtige tun" im Sinne von der richtigen Definition von Unternehmenszielen und –strategie; Effektivität beschreibt „etwas richtig tun" im Sinne von Zielumsetzung, der wirtschaftlichen Erreichung der Ziele.[54]

Oft wird wegen eines zukünftigen Projektes, zum Beispiel bezüglich Customer Relationship Management (CRM) oder Supply Chain Management (SCM) Prozessmanagement eingeführt (siehe **Abbildung 2-3**). Die entwickelten Managementlösungen entsprechen jedoch nur dem Status einer Insellösung.[55] Für ein strategisches Prozessmanagement ist es wichtig, unternehmensweit alle Aktivitäten aus Prozesssicht zu betrachten und kontinuierlich zu leben. Erst dann werden die gewünschten Effekte erreicht.[56]

---

[47] Vgl. [IDS05], S. 15. Noten für die Prozesse nach Geschäftsbereich liegen zwischen 2,36 und 2,95.
[48] [KNU04].
[49] [IDS05], S. 14. 2002: 2,97; 2003: 2,88; 2004:2,81; 2005: 2,87.
[50] Vgl. www.hanser-verlag.de, Abruf am 03.04.05.
[51] Vgl. www.beracon.de, Umfrage GPM in Deutschland, Abruf am 11.12.2005.
[52] Vgl. www.zukunftsweg.de, Abruf am 10.10.2005.
[53] Vgl. [MU01], S. 3.
[54] Vgl. [SCH04], S. 3 oder auch [ABO04], S. 18.
[55] Vgl. [MUM05], S.3.
[56] Vgl. [MUM05], S.3f.

- Qualitätsmanagement
  - Zertifizierung nach Qualitätsrichtlinien z. B. ISO 9001:2000; Assessment nach Qualitätsstandards z. B. European Quality Award Assessment
- IT-Veränderungen
  - Einführung / Erweiterung von Anwendungssystemen z. B. SAP/R3
  - Harmonisierung installierter Softwaresysteme
- Controlling
  - Einführung der Prozesskostenrechnung
  - Einführung der Balanced Scorecard
- Management, Strategie
  - Ausbau von Kernkompetenzen
  - Produktivitätssteigerung
  - Intensivierung der Kundenorientierung
  - Integration der Managementsysteme
- Etablierung von kontinuierlichen Verbesserungsprozessen

Abbildung 2-3: Auslöser für Prozessmanagement nach [SCH04][57]

Unabhängig des Ausgangspunktes ist es jedoch wichtig, dass ein Konzept für das gesamte Unternehmen entwickelt wird, welches z.b. zwischen der normativen und prozessorientierten Welt Brücken baut.[58] Es muss eine Abkehr vom funktionalen Denken zum prozessorientierten Denken erfolgen. Silodenken[59] oder funktionale Suboptimierung müssen durch das Erkennen, Kommunizieren und Leben der Wirkzusammenhänge aufgegeben werden.[60]

Der **Nutzen der Prozessorientierung** besteht in der Ergebnisorientierung jedes Mitarbeiters ausgerichtet auf den Kundenwunsch. Durch regelmäßige Prozessoptimierung verbessert sich die Qualität.[61]

Um den Nutzen mit den Erwartungen gegenüberzustellen, sind in **Tabelle 2-2** die Ergebnisse einer Umfrage bzgl. der ursprünglichen Ziele und der erreichten Erfolge dargestellt.

Tabelle 2-2: Strategische Ziele und erreichte Erfolge durch Prozessmanagement[62]:

Top Ziele	Top Erfolge
1. Kostenreduktion	1. Kostenreduktion
2. Kundenzufriedenheit	2. Kundenzufriedenheit
3. Qualität	3. Durchlaufzeiten
4. Wertschöpfung	4. Flexibilität
5. Flexibilität	5. Mitarbeitermotivation

Eine Gegenüberstellung der Ziele mit den Erfolgen zeigt, dass zumindest bei den Top-Zielen die Erwartungen erfüllt wurden.[63]

---

[57] [SCH04], S. 32.
[58] Vgl. [VDA12], S.18ff.,
[59] Mit Silodenken ist gemeint, dass man nicht über den Tellerrand hinausschaut und sich nur für seine unmittelbare Umgebung interessiert.
[60] Vgl. www.kfunigraz.ac.at, Abruf am 23.04.2005.
[61] [BES04], S. 6f.
[62] Vgl. [MUM05], S.5

Entscheidend für dauerhafte Erfolge ist ein hoher Grad an Aufmerksamkeit in Bezug zur Thematik zu erhalten (siehe **Abbildung 2-4**). Nur wenn über Jahre Prozessmanagement vorgelebt und regelmäßig Werbung gemacht wird, setzt sich der Prozessgedanke im Kopf der Mitarbeiter fest und das Handeln wird danach ausgerichtet.

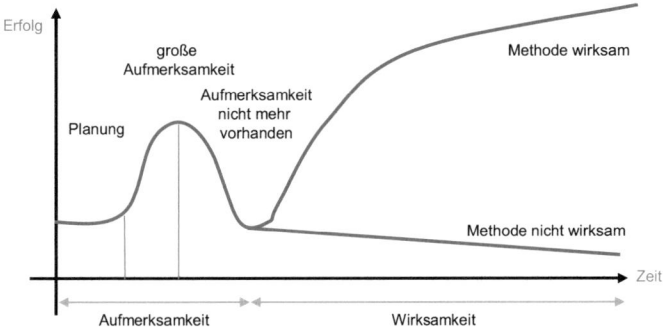

Abbildung 2-4: Projektverlauf bei Einführung einer Methode nach [VDA12][64]

Bis zur wirksamen Methode gibt es verschiedene Hindernisse auf den Weg zur Prozessorientierung oder zur erfolgreichen Implementierung:[65]

- Die Unternehmensführung betrachtet Prozessmanagement als Einzelprojekt einer Abteilung (zum Beispiel der IT-Abteilung).
- Komplexität, Determiniertheit und Dynamik einer unternehmensweiten Einführung eines durchgängigen Prozessmanagement wird unterschätzt.
- Bereichsdenken und Widerstände der Organisation werden nicht durch ein Change Management aufgefangen.
- Standards für die Prozessmodellierung fehlen.
- Die Kommunikation ist mangelhaft.
- Es fehlt an Zusammenarbeit zwischen den Bereichen.
- Es gibt Bereichsegoismen (Silodenken, funktionale Suboptimierung etc.) der beteiligten Bereiche bezüglich der Defizite der konkreten Prozesse und hinsichtlich der Ausgestaltung der Soll-Prozesse.
- Es werden Prozesse gestaltet ohne angemessene Neugestaltung der Abläufe, Verfahren, Belegflüsse etc.

Ein Beispiel, das die Komplexität der Implementierung zeigt, ist ein Bericht von Michael Hammer über die Einführung von ERP-Systemen: Auf die Frage, wie zufrieden Unternehmen nach der Einführung entsprechender Software sind, kam als Ergebnis

---

[63] [MUM05], S. 5.
[64] [VDA12], S. 14.
[65] Nach [MUM05], S. 5f. und [LPA04].

eine Grafik mit zwei Höckern heraus:[66] die eine Hälfte der Unternehmen ist zufrieden mit dem System und hat im Sinne der zuvor dargestellten Abbildung die wirksame Methode erreicht. Die andere Hälfte der Unternehmen ist unzufrieden und ist demnach an den Hindernissen gescheitert bzw. hat diese nicht genügend berücksichtigt.

Ein wichtiger und oft schwieriger Aspekt für eine erfolgreiche Umsetzung ist, dass über die Phase der Aufmerksamkeit hinaus, Interesse und Nutzung erzielt wird. Es gibt verschiedene Instrumente bzw. Maßnahmen, um den zuvor beschriebenen „Höcker" der erfolgreichen Implementierung zu erreichen und einem Abbau der Aufmerksamkeit entgegenzuwirken (siehe dazu **Tabelle 2-3**).

Tabelle 2-3: Überwinden von Hindernissen

nach Krüger[67]	nach SCH04[68]
• Sensibilisierung	• Information und Training
• Information und Schulung	• Beteiligung, Entlastung
• Beeinflussung	• Unterstützung
• Betreuung und Beratung	• Verhandlung und Kompromissbildung
• Motivation, Dokumentation	• Zwang und Druck

Zusammenfassend hat das Kapitel den Nutzen aber auch die Risiken im Prozessmanagement gezeigt. Eine strukturierte Vorgehensweise bei der Einführung und eine ausführliche Vor- und Nachbetreuung des Prozessmanagements ist entscheidend für den Erfolg.

2.4.2 Aufbau eines Prozessmanagement(-systems)

Wenn die Grundvoraussetzung, der Projektauftrag des Managements erfüllt ist, kann ein Prozessmanagement aufgebaut werden.[69] **Abbildung 2-5** zeigt in sechs Schritten, wie Prozessmanagement eingeführt werden kann.

---

[66] [HAM03], S. 35.
[67] [KRU94], S. 10ff.
[68] [SCH04], S. 299.
[69] Für weitere Grundvoraussetzungen siehe [BES04], S. 8ff.

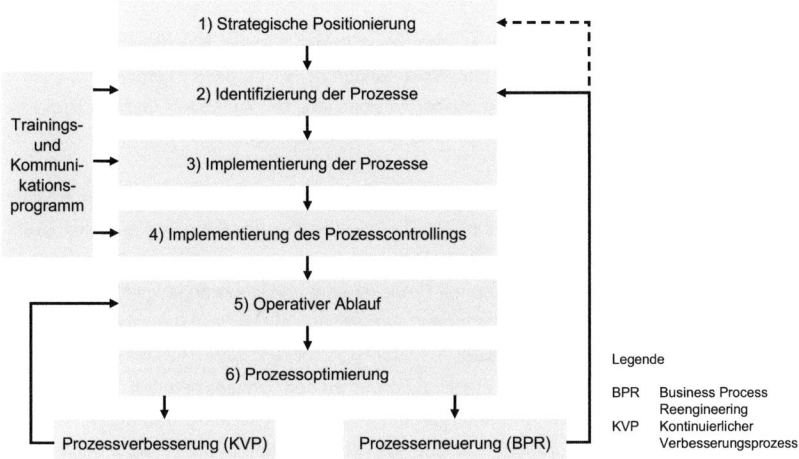

Abbildung 2-5: Aufbau eines Prozessmanagements nach [SCH04][70]

Die Schritte werden nachfolgend im Einzelnen beschrieben, um einen Überblick über die wichtigsten Komponenten zu geben. In einem anschließenden Kapitel werden auf Grundlage der hier vorgestellten sechs Schritte Anforderungen an ein Prozessmanagement zusammengefasst.[71]

1) Strategische Positionierung: Bei der strategischen Positionierung werden die Ziele des Prozessmanagements und der Umfang der Implementierung festgelegt.

Es ist wichtig Sponsoren oder so genannte Prozessförderer zu finden, um deutlich zu machen, dass Geschäftsprozessmanagement „Chefsache" ist.[72] Das Topmanagement muss „Fan" vom Projekt sein, weil gerade bei der Einführung des Prozessmanagements das Problem oft darin liegt, dass Ergebnisse eines wirkungsvollen Systems schlecht durch Kosten- und Ergebnisrechnung nachweisbar sind.[73]

Die Mitarbeiter müssen bei der Entwicklung miteinbezogen werden. Es ist darüber hinaus erforderlich, eine gewisse Begeisterung für das (neue) Prozessmanagement zu erzeugen.[74] Auf Information, Kommunikation, Schulung und Training ist ein Hauptaugenmerk zu legen, da dadurch Widerständen, Unsicherheiten, Ängste, Missverständnisse und Gerüchte entgegengewirkt werden kann.[75] Durch eine offene Informationspolitik muss die Vision, die mit einer Prozessmanagementeinführung gesendet wird, unterstützt werden.[76]

---

[70] [SCH04], S. 294.
[71] Vgl. Kapitel 2.4.5.
[72] Vgl. [ELL04], S. 17f.
[73] [HEL02], S. 36.
[74] [HEL02], S. 9.
[75] [SCH04], S. 364.
[76] [SCH04], S. 365.

2) Identifikation der Prozesse: In dieser Phase werden die relevanten Prozesse ermittelt und für die nachfolgende Implementierung vorbereitet. Hierbei sind interne und externe Kundenanforderung zu berücksichtigen. Die Aufgaben und die Prozessverantwortlichen werden festgelegt. Eine genaue Zuordnung von Personen erfolgt bei der Implementierung.[77]

Prozesse müssen ab einer gewissen Anzahl und Komplexität in eine Struktur eingebettet werden, in der sich die Detailtiefe unterscheidet. Ein probates Mittel ist die Einteilung in vier bis fünf Ebenen[78]:

- Ebene 0: Prozesslandkarte mit Prozessname und Hauptabhängigkeit.
- Ebene 1: Subprozesse mit Inputs, Aktivitäten, Outputs und Verantwortlichkeiten
- Ebene 2: Sub-Subprozesse
- Ebene 3-4: Ablaufschemata, Erläuterung zu den Prozessschritten

Die Anzahl der Ebenen hängt von der Anzahl der Prozesse und deren Komplexität ab. In der Praxis werden für die oberste Prozessebene in der Regel 5-8 Prozesse verwendet[79] und in der untersten Ebene werden die Tätigkeiten beschrieben.[80] Es ist empfehlenswert, dass eine solche Strukturierung, gemeinsam mit den Mitarbeitern erarbeitet und organisatorisch richtig eingebettet wird. Bei einer Planungsaufgabe ohne Integration der Mitarbeiter müssen die Ebenen entsprechend kommuniziert und trainiert werden.

Bei der Gestaltung von Prozessen sind viele verschiedene Aspekte zu berücksichtigen.[81] Der Prozess, sein Ziel, ein Prozessverantwortlicher und auch die Prozessbeteiligten müssen festgelegt sein. Die Prozesseingaben und das Prozessergebnis, sowie die Vorgängerelemente oder das auslösende Ereignis müssen ersichtlich sein. Prozesskennzahlen sollten beschreiben, wie oft ein Prozess ausgeführt wird, welche Mengen verbraucht und erzeugt werden, in welchem Zeitrahmen der Prozess abläuft und was die bekannten Stärken (Erfolgsgrößen) und Schwächen des Prozesses sind.

Bei der Planung der Prozessziele können die Ziele entweder aus der Geschäftsstrategie (top-down Ansatz)[82] oder bottom-up z.B. aus Kundenbefragung, Prozess-Benchmarking oder Prozessanalysen abgeleitet werden.

Wenn die Prozesse identifiziert und modelliert sind, kann in den nächsten beiden Schritten der Prozess realisiert werden.[83]

---

[77] [SCH05], S. 4.

[78] Vgl. [ELL04], S. 19.

[79] Vgl. [SCH04], S. 59, Untersuchung bzgl. der Anzahl primärer Geschäftsprozesse. Befragt wurden acht große Unternehmensberatungen und die Anzahl lag zwischen 3 und 10, wobei 5 bis 8 am Häufigsten genannt wurde.

[80] Vgl. [ELL04], S. 19.

[81] Vgl. [LPA04] oder auch [JAR03].

[82] Vgl. [ELL04], S. 70f.

[83] Vgl. [ANA02], S. 4ff. Die nächsten zwei Schritte, Implementierung der Prozesse und des Prozesscontrollings, werden auch Prozessrealisierung bezeichnet.

3) Implementierung der Prozesse: Prozessimplementierung ist die Umsetzung vom Prozessentwurf (oder Modell) zur realen Anwendung. Drei Aspekte sind besonders wichtig:

- der Mensch,
- die Organisation und
- die Technik.[84]

Der Mitarbeiter kann ohne eine entsprechende Qualifizierung in den reorganisierten Strukturen nicht arbeiten und würde eine integrierte Technik nicht bedienen.

Bei der Organisation erfolgt eine Umstellung auf Prozessorganisation. Dass heißt im Unternehmen wird sich von der traditionellen, hierarchischen Aufbauorganisation getrennt. In der Praxis sind oft Mischformen der Funktions- und Prozessorganisation vorherrschend. Diese werden meist langfristig zu einer prozessorientierten Organisation.[85] Unternehmen, die stark wachsen, haben oft das Problem, dass funktional orientierte Strukturen der Kundenorientierung eher schaden als nützen.[86]

Beim technischen Aspekt muss in erster Linie auf einen reibungslosen Ablauf der Informationstechnologie geachtet werden. Durch die Prozessimplementierung verändern sich alle Abläufe und müssen entsprechend neu ausgearbeitet werden.

4) Implementierung des Prozesscontrollings: Mit Prozesscontrolling ist die Messung der Prozesse gemeint, um Indikatoren zur Prozessleistung zu erhalten. Dabei ist es wichtig, neben den Standardkennzahlen, wie z.B. Prozesszeit, Termintreue und Qualität, auch regelmäßig die Kundenzufriedenheit zu messen und im Rahmen dieses Schrittes messbar zu machen.[87]

Die Messung ist die Voraussetzung für eine zielorientierte Steuerung der Prozesse. Die Messung muss in zeitlich festgelegten Abständen von vorher benannten Messverantwortlichen erfolgen. Es muss bei jeder Messung der gleiche Messpunkt gewählt werden, um einer möglichen Ergebnismanipulation entgegen zu wirken und gleichzeitig eine Transparenz der ermittelten Werte zu schaffen.

5) Operativer Ablauf: Der operative Ablauf ist die tägliche Arbeit mit den neu implementierten Prozessen. Es ist hierbei nach wie vor wichtig, eine gute Informations- und Kommunikationskultur zu haben.[88]

In **Abbildung 2-6** sind die wichtigsten Komponenten für das Prozessmanagement dargestellt. Über die Strategie werden Ziele abgeleitet, wonach die Prozessführung die Prozesse steuert. Über das Prozesscontrolling werden Kennzahlen zur Steuerung der Prozesse ermittelt. Die Prozessorganisation regelt die aufbautechnischen

---

[84] Vgl. [VDA12], S. 50ff.
[85] Vgl. [SCH04], S. 367.
[86] Vgl. [GAI94], S. 2ff.
[87] Vgl. [SCH04], S. 366ff.
[88] [VDA12], S. 30.

Verantwortungsbereiche, wobei dem Unternehmen durch den Strukturwandel in der Organisation völlig neue Gestaltungsoptionen gegeben werden.[89]

Ein effektives Zusammenspiel von Controlling und Organisation sind die Grundvoraussetzungen, um den dynamischen Anforderungen des Marktes gerecht zu werden.[90]

Abbildung 2-6: Komponenten des Prozessmanagements in Anlehnung an [SCH04][91]

Um den operativen Ablauf zu „perfektionieren" und um effiziente und effektive Prozessabläufe zu bekommen, sind nach [MUM05] die folgenden Empfehlungen entscheidend:[92]

- Prozessmanagement ist kein Einzelprojekt, sondern vielmehr eine laufende, vornehmlich organisatorische Herausforderung (Anforderung: Ziele, Prozesslandkarte).
- Prozesse müssen gestaltet und ggf. standardisiert werden (IT-Architektur).
- Prozessmanagement ist mit der Unternehmensstrategie zu verbinden und die Kernkompetenzen müssen dadurch hervorgehoben werden (Balanced Scorecard).[93]
- Das Prozessmanagement muss für die Mitarbeiter ein Anreizsystem bereitstellen, dass eine kontinuierliche Optimierung sicherstellt (Anreizsystem mit Frühwarnindikatoren und Vernetzung zur Balanced Scorecard).

Dass Prozessmanagement im Unternehmen einen entsprechenden Stellenwert benötigt und sich dauerhaft weiterentwickeln muss, wird an vielen Stellen gefordert. Für das „Wie" gibt es kontroverse Meinungen: Michael Hammer meint, dass es sinnvoll wäre, ein Gremium für Geschäftsprozesse einzuführen. Dieses „Prozessgremium" trifft sich dann regelmäßig und kümmert sich ausschließlich um die Belange des Prozess-

---

[89] Vgl. [GAI94], S. 122f.
[90] [SCH04], S. 53ff.
[91] In Anlehnung an [SCH04], S. 5.
[92] [MUM05], S.4
[93] Vgl. auch [BE01], S. 1422f.

management.[94] Kritiker an diesem Konzept führen an, dass das Gremium an sich noch nichts im Unternehmen bewegt. Es müssen vielmehr zweckmäßige Funktionen und Kompetenzen festgelegt werden.[95]

6) Prozessoptimierung: Für eine Prozessoptimierung, muss der Prozess in regelmäßigen Abständen analysiert und bewertet werden. Es ist der Grundstein dafür, dass das Prozessmanagement lebt.

Als Analyse anerkannt sind auf vereinbarte Kennzahlen basierende Soll-Ist-Vergleiche (quantitativ), Überprüfungsrunden oder Befragungen (beide qualitativ).[96] Außerdem können die Analysen auch durch Prozessbenchmarking unterstützt werden.[97] Damit ist die (kontinuierliche) Messung von Produkten, Dienstleistungen und Praktiken gegen den stärksten Mitbewerber oder das Unternehmen, welches als Industrieführer angesehen wird (= Orientierung an der „best practice"), gemeint.[98] Beim Prozessbenchmarking gibt es internes und externes, welches sich dahingehend unterscheidet, ob die Informationen aus dem eigenen Unternehmen stammen oder nicht.

Der Kontinuierliche Verbesserungsprozess (KVP) und Business Process Reengineering (BPR) sind zwei prinzipielle Herangehensweisen, wie ein Prozess verbessert werden kann.[99]

Bei KVP liegt der Schwerpunkt auf einer ständigen Verbesserung des bestehenden Systems (oder Prozesses). Es ist der Grundgedanke, sich und seine Handlung ständig zu hinterfragen, ob sie noch Ziel führend ist und ob nicht Maßnahmen zur Verbesserung abgeleitet werden können. Veränderungen werden in vielen kleinen Schritten vorgenommen, um auf neue Situation angemessen reagieren zu können und um einen zu radikalen Wandel zu vermeiden.[100]

Mit BPR ist die Neuordnung von Auf- und Ablauforganisation, d.h. ein „radikaler Eingriff" in die bisherigen Unternehmensregeln, gemeint.[101] Die Methode beabsichtigt eine Abkehr von herkömmlichen Lösungen (die nur kleine Schritte zum Gesamtziel beitragen würden) zu „bahnbrechenden" Innovationen.

Das KVP (=Verbesserung) und BPR (=Innovation) durchaus zusammen in einem Unternehmen angewendet werden können, zeigt die **Abbildung 2-7**.

---

[94] [HAM03], S. 36.
[95] [REI03], S. 50. Zu oft herrscht die Mentalität: „Wenn ich nicht mehr weiter weiß, gründ' ich halt `nen Arbeitskreis.".
[96] [BES04], S. 9.
[97] [ELL04], S. 71.
[98] Vgl. [LPA04].
[99] Als Alternative zu BPR und KVP gibt es noch weitere Methoden (z.B. Kaizen, Six Sigma, formale Prozessgestaltung (Prozessschritte reduzieren, streichen etc.), betriebliches Vorschlagswesen).
[100] Siehe dazu Hindernisse beim Wandel in Kapitel 2.3.
[101] Vgl. [LPA04].

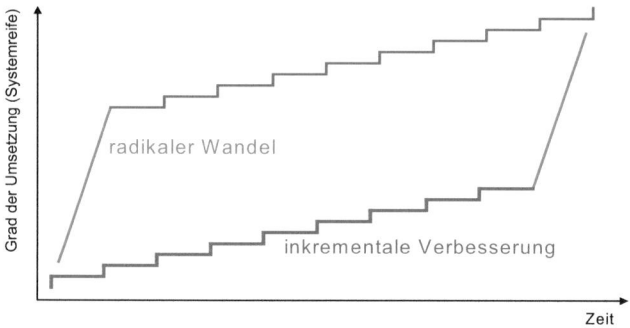

Abbildung 2-7: Kombination von Innovation und Verbesserung nach [REI97][102]

Der Vorteil des radikalen Wandels gegenüber der inkrementalen Verbesserung ist die schnellere Umsetzung beziehungsweise das schnellere Erreichen einer höheren Systemreife. Jedoch sagen Kritiker bzgl. des BPR, dass es oft zeitaufwendiger ist als zunächst angenommen und oft mehrere Jahre dauert.[103] Außerdem ist häufig die Zielvorstellung unrealistisch. So wird BPR zum Beispiel scheitern, wenn höhere Transparenz und höherer Output in gleichem Maße gefordert und umzusetzen versucht wird, da die Ziele separat bearbeitet werden müssten.[104]

Mit dem sechsten und letzten Schritt ist ein Prozessmanagement nach **Abbildung 2-5** theoretisch eingeführt. Prozessmanagement ist ein dauerhaftes Projekt (siehe Erklärung in Schritt 5). Deswegen muss im Anschluss an die Prozessoptimierung, entsprechend des Ausmaßes der Veränderung, wieder an einem der Punkte zwischen Schritt 1 und 5 eingestiegen werden.

Das vorgestellte sechsstufige Konzept ist eine Möglichkeit, wie Prozessmanagement eingeführt werden kann. In der Fachliteratur gibt es noch eine Vielzahl weiterer Konzepte, ohne sich dabei wesentlich in den hier vorgestellten Inhalten zu unterscheiden.[105]

2.4.3 Prozessgestaltung

Die Prozessgestaltung (oder auch Prozessmodellierung) ist ein wichtiger Bestandteil in allen Phasen des Prozessmanagements. Der Nutzen durch die Prozessgestaltung entsteht vor allem dann, wenn durch die Ablaufbeschreibung der Prozesse eine komplexe Welt mit vielen miteinander verbundenen Objekten, auf die wichtigsten Elemente reduziert wird. Die Prozessmodelle haben komplexitätsreduzierende und

---

[102] [REI97], S. 88.
[103] [HAM03], S. 35.
[104] Vgl. [SCH03], S. 9.
[105] Vgl. [GAI94], S. 120. Vier-Phasenkonzept: Definition, Design, Applikation und Optimierung.

operationalisierende Wirkung.[106] Konkrete Anwendungsfelder sind Analysen, Dokumentation, Entscheidungs- und Konfigurationsunterstützung bei Software und Spezifikation von Workflows.[107]

Oft entwickeln Modelle aber auch eine gewisse Eigendynamik, da z.b. Anwender aus unterschiedlichen Unternehmensbereichen vorgegebene Regeln subjektiv interpretieren. Es besteht die Gefahr, dass viele Modelle erstellt werden und dass dabei das Ziel (etwas Komplexes zu vereinfachen) verfehlt wird.[108] Um dem entgegenzuwirken, sollte die Verwaltung von Prozessmodellen übersichtlich im Rahmen eines strukturierten Systems (z.b. eines Managementsystems) erfolgen.[109]

Vor der Prozessmodellierung müssen Vorbereitungen getroffen werden, um den Rahmen der Modellierung zu bestimmen. Es ist z.b. wichtig, Zahl, Abgrenzung, Inhalte und Abstraktionsgrad festzulegen.[110] Für die richtige Durchführung der Modellierung sind **Modellierungsrichtlinien** unerlässlich.[111]

Ein kurzes, aber auch plausibles Regelwerk soll an dieser Stelle vorgestellt werden. Es kommt mit zwei Regeln aus: [112]

• Regel Nr. 1: Die Verwendung von Substantiv und Verb ist Pflicht.
• Regel Nr. 2: Ein Außenstehender muss den Inhalt ohne Erläuterung verstehen können.

Beide Regeln klingen einfach und logisch, werden aber auch bei komplexen Modellierungsmethoden mit vielen Syntax- und Semantikregeln oft ignoriert. Entworfene Modelle sind dann entsprechend kompliziert und anwenderunfreundlich.

Im Anschluss an die Regeldefinition werden die relevanten Prozesse ausgewählt und modelliert.[113] Dabei sollte ein Prozess die Anforderungen der Kunden, Inputs, Leistungserstellung (Ergebnisse, Outputs), Prozessverantwortliche, Ziel- und Messgrößen beinhalten.[114]

Um eine genaue **Abgrenzung der modellierten Thematik** im Sinne des Informationsmanagements zu ermöglichen, wird zunächst ein Überblick über Modellinhalte und den Zweck gegeben. In dem in **Tabelle 2-4** dargestellten morphologischen Kasten

---

[106] Vgl. [ROS96], S. 1ff.
[107] [ROS96], S. 42f.
[108] [ROS96], S. 2.
[109] [SCH05], S. 21.
[110] Vgl. [SCH04], S.158.
[111] Vgl. [ROS96], S. 85ff. Aus den Grundsätzen ordnungsmäßiger Buchführung wurden von zur Standardisierung von Modellierungsregeln Grundsätze ordnungsmäßiger Modellierung abgeleitet: Grundsatz der Richtigkeit, Grundsatz der Relevanz, Grundsatz der Wirtschaftlichkeit, Grundsatz der Klarheit, Grundsatz der Vergleichbarkeit, Grundsatz des systematischen Aufbaus.
[112] [GAI94], S. 255.
[113] Anmerkung: Modellabgrenzung, Ziel und Zweck sind zu berücksichtigen.
[114] [SCH04], S. 71

werden verschiedene Merkmale mit entsprechenden Ausprägungen beschrieben. Der Vorteil der Darstellung ist, dass der Leser schnell einen Überblick über die Vielfalt der möglichen Kombinationen von Merkmalen und Ausprägungen bekommt. Außerdem besteht die Chance der Abgrenzung bzw. Beschreibung einer (oder mehrerer) Lösung(en).

Tabelle 2-4: Informationsmodellierung in Anlehnung an [ROS96][115]

Merkmal	Ausprägung			
Beschreibungs-sicht	Daten (Datenlisten, Datenfluss-pläne)	Funktionen (Aufgabenblätter, Funktionsbäume)	Organisation (Organigramm, Aufbau org. Einheiten)	Prozesse (Ablaufpläne, Prozesssteckbriefe)
Geltungs-anspruch	Istmodell	Sollmodell		Idealmodell
Geltungsbe-reich (Gültigkeit)	Abteilung	Unternehmen		Konzern
Inhaltliche Individualität	Unternehmensspezifisches Modell	Referenzmodell		Mastermodell (nur bei Anwendungssystemmodell)
Abstraktions-grad	Ausprägungsebene (jede Einzelheit)	Typebene (Typenvertreter)	Metaebene (Modellbausteine)	Meta-Meta-Ebene (Syntax)
Beschreibungs-form	Grafische Darstellung		Beschreibung in Textform	

Die **Beschreibungssicht** beinhaltet die „Objekte der Modellierung", beschrieben durch die Kriterien: Daten, Funktionen, Organisation, Prozesse und Objekte.[116] Es entstehen aus der Modellierung z.b. Organigramme, Ablaufpläne, Datenflusspläne. [117] Alle Sichten sind in sich geschlossen und können auch getrennt von einander entwickelt werden.[118]

Mit der Beschreibung der Daten werden Begriffe der Systemstruktur erklärt und diese zueinander in Abhängigkeiten bzw. Relationen gesetzt.[119] Mögliche grafische Ausprägungen sind Datenlisten oder Datenflusspläne.

Bei einer Funktionsbeschreibung werden Handlungen und Tätigkeiten beschrieben. Es geht um die einzelnen Schritte, die der Aufgabenträger im Rahmen seiner Aufgabe durchführt.

In der Organisationsbeschreibung (oder auch Aufbauorganisation) werden die verschiedenen Organisationsträger zueinander zugeordnet.[120] In Form der Aufbauorganisation sind z.B. die Beziehungen bzw. die Weisungsbefugnisse und Informationsflüsse der einzelnen Abteilungen dargestellt.

---

[115] Vgl. [ROS96], S. 22.
[116] Vgl. [ROS96], S. 23.
[117] Vgl. [JAR03], S. 3.
[118] Vgl. [SCH98], S.11ff.
[119] Vgl. [ROS96], S. 23.
[120] Organisationsträger können auch Organisationseinheiten und Instanzen genannt werden.

Prozesse beschreiben die Ablauforganisation. Während bei den Funktionen der Arbeitsschritt im Vordergrund steht, ist bei Prozessbeschreibung außerdem der Bezug zu den Vorgänger- und Nachfolgeprozessen wichtig.

Um eine allgemeingültige und übersichtliche Darstellung des Prozessablaufs zu erhalten, können die verschiedenen Sichten aus dem Merkmal der Beschreibungssicht miteinander kombiniert werden. Bei einer umfassenden Darstellung kann ein Prozess mittels Ereignissen, Funktionen, Informationen, Informationsträgern, Anwendungssystemen und Organisationseinheiten beschrieben werden.

Der **Geltungsanspruch** stellt die Aufteilung für die spätere Verwendung der Informationsmodelle dar. Das Ist-Modell ist ein Beschreibungsmodell, das alle relevanten Informationen anhand eines aktuell gültigen und realen Systems darstellt. Beim Sollmodell wird ein angestrebter Zustand bzw. Zusammenhang beschrieben und modelliert. Das Modell wird als Vorgabe für den Ist-Zustand geplant. Das Idealmodell ist unabhängiger von der Ist-Situation oder auch dem Soll-Zustand. Hier können Zeit- und Kapazitätsrestriktionen unbeachtet bleiben. Diese Abstrahierung ermöglicht, dass mit Hilfe des Idealmodells ein Blick in die Zukunft geworfen werden kann.[121]

Zum Beispiel ist eine Vision ein Idealmodell. Ein Handlungsplan, der die Vision umsetzen soll, entspricht einem Sollmodell.

Mit **Geltungsbereich und Gültigkeit** wird eine Verbindung zur Unternehmensverwendung hergestellt.[122] Es gibt Prozesse oder Prozessmodelle, die für bestimmte Abteilung modelliert sind und Gültigkeit besitzen. Modelle mit einer größeren Reichweite hinsichtlich der Gültigkeit sind Modelle auf Unternehmensebene. Sie stellen den Standard, die verbindlichen Abläufe für mehrere Abteilungen einer Niederlassung dar. Mit der Konzernebene ist der weltweite Verbund der Unternehmen (Niederlassungen) gemeint. Bei Unternehmen mit vielen Niederlassungen gibt es oft Sonderfälle bezüglich der Prozessabläufe. In diesem Fall hat dann ein Prozessmodell einen Geltungsbereich in der speziellen Niederlassung und nicht über die Niederlassungsgrenzen hinweg.

Ein Prozess, der die grundsätzliche Verfahrensweise beim strategischen Einkauf in einem Unternehmen darstellt, hat zum Beispiel einen größeren Geltungsbereich, als eine Serviceleistung, die in einer speziellen Abteilung erbracht wird.

Ein weiteres Beispiel ist eine Sondervereinbarung aufgrund von Rahmenbedingungen, wodurch das Prozessmodell des strategischen Einkaufs beispielsweise in einem anderen Land spezielle Schritte umfassen muss.

Mit zunehmender Reichweite der Gültigkeit werden Freiräume, die durch die Modelle zugelassen werden können, immer wichtiger, damit die Lösung nicht zu „starren" Strukturen führt.

---

[121] Vgl. [ROS96], S. 31f.
[122] [ROS96], S. 31.

In **inhaltliche Individualität** werden die Modelle dahingehend eingeteilt, ob sie eine unternehmensindividuelle Beschreibung darstellen oder ob sie den Status einer Referenzlösung (Referenzmodell) haben.[123] Ein unternehmensspezifisches Modell ist gültig für ein individuelles System (zum Beispiel alle Prozesse eines Unternehmens). Referenzmodelle sind durch die Abstraktion und auf aufgrund der auf Theorie basierender Erkenntnisse oft allgemeingültiger. Sie können aber auch im Unternehmen zur Referenzlösung werden. Ein Mastermodell stellt eine Zusammenstellung mehrerer Modelle dar. So ist zum Beispiel ein Mastermodell eine Reihe von Soll-Prozessen, die in Form des Baukastenprinzips alle Unternehmensprozesse beschreiben. Der Adressatenkreis eines Mastermodells ist erheblich größer als bei einem unternehmensspezifischen Informationsmodell oder Referenzmodell.[124]

Der **Abstraktionsgrad** hinterfragt den Blickwinkel, aus dem ein Modell aufgebaut ist.[125] Auf der Ausprägungsebene wird ohne jegliche Abstraktion beschrieben. Die Typebene sammelt und abstrahiert Systemobjekte durch spezielle Typenvertreter. Auf der Metaebene gibt es Modellbausteine, die als Gestaltungsrahmen mit Verwendung von Beziehungen, Regeln und Semantik Modellsysteme erstellen können. Im Gegensatz zum Referenzmodell, welches die Semantik (= Bedeutung sprachlicher Zeichen) beschreibt, können Metamodelle die Syntax (= Notationsregeln) erklären und festlegen. Die Meta-Metaebene beschreibt eine noch abstraktere Sichtweise und stellt Modelle des Metamodells dar.[126]

Ein konkretes **Beispiel für die Abstraktionsebene** ist in **Abbildung 2-8** dargestellt. Die Pyramide zeigt in der Meta-Meta-Ebene die Unternehmensstruktur aus Prozesssicht. Eine Ebene tiefer werden die Prozesse in Form von Prozessorganigrammen oder Prozessketten dargestellt. In dieser Ebene lässt sich jeder Teilprozess in seine Aktivitäten herunterbrechen, die in einzelne Schritte zerlegt werden können (Ausprägungsebene).

---

[123] [ROS96], S. 33.
[124] Vgl. [ROS96], S. 33ff.
[125] Vgl. [ROS96], S. 36.
[126] Vgl. [ROS96], S. 38f.

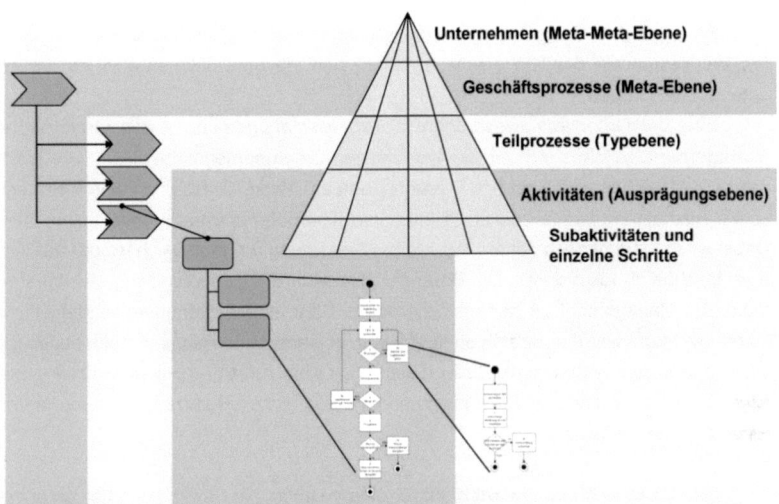

Abbildung 2-8: Darstellung der Geschäftsprozesse[127]

Das letzte Merkmal des morphologischen Kastens zeigt die **Beschreibungsformen**. Es gibt mehrere Möglichkeiten Modelle darzustellen. So können zum einen grafische Darstellungen, wie Organigramme oder Flussdiagramme das Modell beschreiben. Beispiele für reine Textbeschreibungen sind Tabellen und Listen. Grafiken mit Text kombiniert sind in der Regel die beste Form etwas zu beschreiben, jedoch müssen die Inhalte strukturiert und für den Adressaten verständlich aufbereitet sein.

Der morphologische Kasten stellt ein Grundgerüst für die Informationsmodellierung dar. Die Vorteile liegen neben der Übersichtlichkeit vor allem in der Möglichkeit der individuellen Anpassung. Alle Informationsbeschreibungen eines Unternehmens lassen sich klassifizieren und abbilden.

2.4.4 Managementkonzepte im Umfeld des Prozessmanagements

Es gibt eine Vielzahl von Managementkonzepten, die in ein modernes Prozessmanagement mit einfließen. Da Prozessmanagement von den Anwendern verlangt, abteilungsübergreifend zu denken und zu handeln, muss es übergreifend positioniert sein. Prozessmanagement ist nicht als ein alleiniges Managementwerkzeug zu sehen, sondern im Verbund mit anderen zu betrachten.[128]

In einem Bericht eines Arbeitskreises zum Thema Kompetenzmanagement wurden die Top Trends, die als zukünftige Schlüssel für den Unternehmenserfolg stehen, abgefragt. Als Ergebnis steht Prozessmanagement, wie in den letzten Jahren auch, an erster Stelle (Platz 2: Human Ressource Management, Platz 3: Customer Relationship Management, Platz 4: Wissensmanagement, Platz 5: Kompetenzmanagement).[129]

---

[127] [WIL04], S. 15.
[128] Vgl. [SE04], 1. Kapitel und [SCH04], S. 8ff.
[129] [FRA04], S. 3.

Es werden nachfolgend einige der wichtigsten Managementkonzepte aufgegriffen, die Bestandteil des Prozessmanagement sind, davon profitieren oder es sinnvoll
unterstützen würden.

Eine der Grundvoraussetzungen für Prozessmanagement ist das **strategische
Management**, welches sich mit der langfristigen Unternehmensentwicklung auseinan-
dersetzt.[130] Wichtig ist die richtige Positionierung am Markt. Im Rahmen dieser strategischen Ausrichtung wurde zuletzt oft auch von **Kompetenzmanagement** gesprochen.
Dabei wird versucht nach Jahren der breiten Aufstellung am Markt sich wieder auf sein
Kerngeschäft zu fokussieren. Die **Balanced Scorecard** ist ein Werkzeug, das im strategischen Management an Bedeutung gewinnt. Über eine so genannte Strategiekarte
(Strategy Map) werden Strategien festgelegt, woraus Unternehmensziele abgeleitet
werden. Anschließend wird die Zielerreichung mit Kennzahlen (key point indicator) ver-
folgt. Die Strategiekarte umfasst insgesamt vier Bereiche: Finanzen, Kunden, interne
Prozesse und Potenziale.

Das **Change Management** steht für eine prozessuale Betrachtung der Veränderung. Der Change Prozess, welcher durch das Change Management angestoßen wird,
entzieht sich weitgehend einem Reengineering, ist jedoch von weichenstellender Bedeutung als politischer Steuerungsprozess.[131]

Der Grundgedanke ist dabei, dass der Mitarbeiter in den Veränderungsprozess
integriert wird.[132] Die Vernachlässigung des Faktors Mensch ist die Hauptursache für
das Scheitern von Projekten.[133]

Da der Mitarbeiter im Mittelpunkt steht, wird vor allem auf Information, Kommunikation, Schulung und Training geachtet. Durch **Partizipation** können Ängste, Unsicherheiten, Widerstände, Missverständnisse und Gerüchte am besten abgebaut werden.[134] Es ist wichtig, eine breite Akzeptanz für eine Veränderung zu erzielen.

Change Management stellt eine wichtige Ergänzung zum Prozessmanagement
dar.[135] Der Unterschied der beiden Managementmethoden liegt in einer höheren Fokussierung der Interessen der Mitarbeiter. Viele Aspekte bezüglich der Partizipation
haben bei Beiden eine hohe Bedeutung:[136]

- Qualifikation, Training (hinsichtlich Prozessgestaltung) sicherstellen
- Kreativitätsfreiräume schaffen
- Erfolge visualisieren und kommunizieren
- Interaktive Kommunikation (holen und bringen) fördern

---

[130] [SCH04], S. 8f.
[131] Vgl. [REI03], S. 50. „Better Reengineering".
[132] Vgl. [VDA12], S. 23f.
[133] Vgl. [SPA98], S.17.
[134] Vgl. [SCH04], S. 364.
[135] Vgl. [REI97], S. 3.
[136] Vgl. [VDA12], S. 25f.

Ein häufig genanntes Argument für Change Management im Prozessmanagement ist das Ausnutzen des Multiplikatoreffektes. Dieser besagt, dass ein Mitarbeiter, der durch Prozessarbeit sein Denken besser strukturieren kann, zukünftige Potenziale eher erkennen wird und diese besser an andere Mitarbeiter vermitteln kann.[137]

Ein anderes Konzept zur Unterstützung oder Ergänzung des Prozessmanagements, ist das **Wissensmanagement**. Die Aufgabe des Wissensmanagement ist, vorhandenes Wissen (Regeln, organisatorische Abläufe etc.) eines Unternehmens für alle Mitarbeiter zugänglich zu machen.[138] Es umfasst dabei andere ältere Konzepte, wie zum Beispiel Daten- oder Informationsmanagement.

In **Abbildung 2-9** ist das Dilemma aus Unternehmenssicht dargestellt, welches oft die Grundlage für ein Wissensmanagementprojekt bildet. Die Informationsnachfrage wird nicht durch das Angebot an Informationen gedeckt. Außerdem besteht eine geringe Schnittmenge zwischen der Nachfrage und dem objektiven Bedarf, was wiederum auf die Kommunikation des Informationsbedarfes zurückzuführen ist. Der dargestellte Zusammenhang zeigt auch, dass eine Vielzahl überflüssiger Informationen angeboten wird. Ziel ist es, ein informationstechnisches Gleichgewicht zu erhalten. Im Optimum würden alle Kreise die gleiche Größe haben und übereinander liegen.

Es gibt viele Qualitätskriterien für Informationen, die alle berücksichtigt werden müssen, um ein wirksames Informationsmanagement zu erreichen.[139]

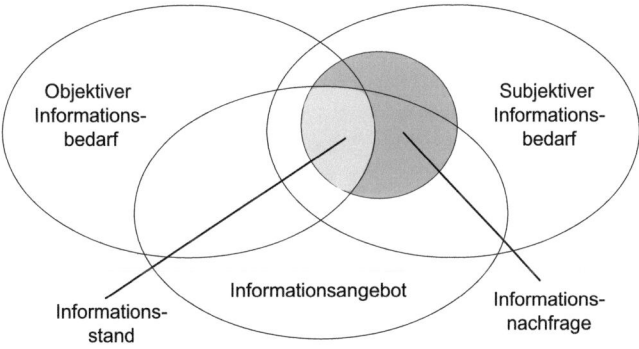

Abbildung 2-9: Informationsvermittlung nach Picot/Reichwald/Wigand[140]

---

[137] Vgl. [GAI94], S. 268.

[138] Vgl. [JAR03], S. 53.

[139] Beispielkriterien: Erhältlichkeit, Verständlichkeit, Relevanz, Nützlichkeit, Rechtzeitigkeit, Verlässlichkeit/ Objektivität, Vollständigkeit, Konsistenz (widerspruchsfreie Informationen). Die Kriterien wurden vorgestellt auf einer Präsentation von Siemens zum Thema „Wissensmanagement – Knowledge Master" im Rahmen des Forum Wissensmanagement im DGQ Regionalkreis München, 14 Mai 2002,

[140] Vgl. www.grenzenlose-unternehmung.de, Abruf am 10.03.2005.

Wissen ist eine der wichtigsten Ressourcen für ein Unternehmen, um am Markt bestehen zu können.[141] Wissen und Kreativität ist der Grundstein für Innovation. Jedoch ist eine ausreichende Verfügbarkeit oft nicht gewährleistet.[142]

Wissensmanagement hilft umfangreiches, komplex verzahntes Wissen aufzubereiten und dem Mitarbeiter verständlich zu vermitteln. Dabei gelten im Bezug zum Prozessmanagement zum Beispiel folgende Zielstellungen:

• Gestaltung transparenter, einfacher Abläufe,

• Schnittstellenabbau,

• Erhöhung der Informationsqualität,

• Benutzerorientierte Informationsaufbereitung und –bereitstellung oder

• Abbau von Informationsdefiziten.[143]

Bei der Implementierung von Wissensmanagement ist, wie auch beim Prozessmanagement, auf die drei Dimensionen Mensch, Technik und Organisation zu achten. Bei einem vernünftigen Zusammenspiel der Faktoren kann ein optimaler Umgang mit der Ressource Wissen erreicht werden.[144] Eine technische Unterstützung der Implementierung kann durch den Zugang zum Wissen über das Intranet aufgebaut werden.[145]

Die Problematik im Wissensmanagement ist, dass die anfängliche Euphorie zum großen Teil Ernüchterung gewichen ist.[146] Wissensmanagement umfasst, ähnlich wie Prozessmanagement, ein großes Themenspektrum (z.B. auch Dokumentenmanagement), was für eine erfolgreiche Integration in bestehende Managementkonzepte eine genaue Abgrenzung und Konzentration voraussetzt.

Langfristig gesehen kann jedes Wissensmanagement zu einem Change Management werden, da der Mitarbeiter für einen möglichen Wandel durch effiziente Informationen sensibilisiert wird.[147]

Eine prozessorientierte Unternehmensgestaltung verlangt die Erfassung und Durchdringung des Systems. Bei wachsenden (oder großen) Unternehmen reicht eine reine Darstellung der Prozesse oder geistige Vorstellung des Ganzen nicht mehr aus und muss deshalb durch ein abstrahiertes System der Wirklichkeit ersetzt werden.[148]

Komplexitätsmanagement kann als eine Spezialdisziplin des Wissensmanagements bezeichnet werden. Komplexität wird häufig mit fehlender Transparenz ver-

---

[141] Vgl. [IFA04], S. 10ff.

[142] Vgl. [PFE03], S. 5.

[143] Vgl. [ABE02], S. 110.

[144] [FRE00], S. 8.

[145] Vgl. [SCH04], S.13f.

[146] Vgl. [FRA04], S. 2ff

[147] [ABE02], S.3.

[148] Vgl. [ROS96], S. 16.

wechselt.[149] Um sie beherrschbar zu machen, sind spezielle Methoden und Herangehensweisen des ganzheitlichen Denkens und der Informationsmodellierung erforderlich.[150] Bisher existiert aber selten der Bezug zum Prozessmanagement.[151]

Durch ein entwickeltes (Informations-)Modell werden Systemgrenzen kommuniziert und das Verständnis für die Struktur und des Verhaltens der Objekte gefördert.[152] Was dann wiederum zum Beispiel die Einführung neuer Systeme oder Abläufe unterstützt.[153]

Ein Komplexitätsmanagement versucht die Prozesskomplexität möglichst gering zu halten. Interne und externe Komplexitätstreiber müssen dafür identifiziert und „bekämpft" werden.[154]

Abschließend für die Managementmethoden im Prozessmanagementumfeld werden noch zwei Methoden vorgestellt, die einen konkreten Nutzen aus dem Prozessmanagement ziehen können: Supply Chain Management und Workflowmanagement. Bei einem prozessorientierten Unternehmen, welches das Prozessmanagement lebt, ist der Aufwand für Integration oft geringer.

Das **Supply Chain Management** steht für die Prozessintegration über die gesamte Lieferkette. Dadurch wird eine Kommunikationsstruktur, wie sie durch das Prozessmanagement geschaffen wird, benötigt. Vorher definierte und kommunizierte einheitliche Regeln und Standards reduzieren den Aufwand zur effizienten Supply Chain.

Das **Workflowmanagement** ist eine Weiterentwicklung des Prozessgedankens und verlangt ein prozessorientiertes Unternehmen. Es beschäftigt sich in erster Linie mit der computergestützten, automatisierten Steuerung von Prozessen im Unternehmen.[155] Der Workflow unterscheidet sich vom Prozess darin, dass er das „Wie es zu tun ist" definiert und im (Geschäfts-) Prozess nur das „Was" festgelegt ist.[156] Der durch konsequente Umsetzung entstehende Nutzen ist vor allem eine Verbesserung der Durchlaufzeiten der Prozesse. Außerdem werden die Prozesse in der Regel transparenter und sicherer.[157]

Dieses Kapitel hat gezeigt, dass es im Umfeld vom Prozessmanagement viele andere Managementkonzepte gibt, die das Prozessmanagement unterstützen oder eine Folge der Umsetzung sind.[158]

---

[149] Vgl. [GAI94], S. 252.
[150] Vgl. [ADA98], S. 114ff.
[151] Vgl. [HEL02], S. 36.
[152] [ADA98], S. 114f.
[153] [ROS96], S. 18f.
[154] Vgl. [ADA98], S. 48.
[155] [BRA03], S. 4.
[156] [JAR03], S. 59ff.
[157] [BRA03], S. 12.
[158] Vgl. auch [SCH04], S. 8.

2.4.5 Anforderungen an ein Prozessmanagementsystem

Häufig wird Prozessmanagement in Rahmen eines Projektes eingeführt.[159] Eine anschließende Nachbetrachtung findet in der Regel dann statt, wenn die Erfolge ausbleiben oder die Projektnachfolge im Vorfeld geregelt worden ist. In der DIN9001 wird gefordert, dass auch das System in geplanten Abständen bewertet wird.[160] Es soll dabei geprüft werden, ob es seine Eignung, Angemessenheit und Wirksamkeit sicherstellt.

Als Vorleistung zu einer solchen Bewertung sind die Inhalte aus dem Grundlagenkapitel über Prozessmanagement an dieser Stelle in Form einer Tabelle noch einmal zusammengefasst. Die vorgestellten Kriterien sollen die Mindestanforderungen bei der Einführung eines Prozessmanagementsystems darstellen.

---

[159] Wie auch bei der MECH AG.
[160] [DIN9001], S. 21.

Tabelle 2-5: Anforderungen an ein Prozessmanagement in Anlehnung an [SCH04][161]

1. Strategische Positionierung:
  a. STRATEGISCHE AUSRICHTUNG: Das Prozessmanagement hat einen strategische Ausrichtung (QM, IT, Strategie allgemein) und diese wird auch vermittelt
  b. ZIELE UND AUFGABEN: Ziele und Aufgaben sind festgelegt
  c. OBERSTE LEITUNG: Die oberste Leitung ist Förderer oder Promoter des Prozessmanagements.
2. Identifizierung der Prozesse
  a. PROZESSIDENTIFIKATION: Es werden die wichtigsten Prozesse identifiziert und aufgelistet
  b. PROZESSSTRUKTUR: Die Prozesse sind in einer Struktur oder Hierarchie hinterlegt
  c. PROZESSDOKUMENTATION: Prozesse sind ablauftechnisch und organisatorisch beschrieben und dargestellt
3. Implementierung der Prozesse
  a. INITIAL-SCHULUNG: Die Mitarbeiter werden in den neuen Prozessen geschult
  b. ZUGRIFF: Die Mitarbeiter haben Zugriff auf die Prozessdokumente
  c. PROZESSORIENTIERTE ORGANISATION: Die Organisation wurde prozessorientiert umgestellt
4. Implementierung des Prozesscontrollings
  a. MESSPUNKTE: Messpunkte sind festgelegt
  b. KENNZAHLEN: Kennzahlen werden berechnet
  c. CONTROLLING: Eingriffsgrenzen, Maßnahmen und Verantwortungsbereiche werden vereinbart
5. Operativer Ablauf
  a. SICHERSTELLUNG DER PROZESSABLÄUFE: Die Prozesse laufen wie unter Punkt 2 vereinbart
  b. PROZESSANALYSE: Prozesse werden analysiert und -defizite werden erkannt
  c. VERFÜGBARKEIT PROZESSWISSEN: Prozesswissen (Regeln und Informationen) wird den Mitarbeitern zur Verfügung gestellt
  d. VORSCHLAGSWESEN: Die Mitarbeiter bringen eigene Vorschläge zur Prozessverbesserungen ein (Partizipation)
  e. FOLGESCHULUNG: Mitarbeiter haben die Möglichkeit sich weiterhin im Prozessmanagement schulen zu lassen
  f. PROZESSORIENTIERTES HANDELN: Die Mitarbeiter werden zum prozessorientierten Handeln aufgefordert
  g. REGELMÄßIGE OPTIMIERUNG: Die Optimierung wird durch den operativen Ablauf angestoßen
  h. INTEGRATION ANDERER SYSTEME: Prozessmanagement integriert/ vernetzt weitere Managementkonzepte
6. Prozessoptimierung
  a. KVP: Prozesse werden regelmäßig verbessert
  b. BPR: Prozesse werden erneuert

Die verschiedenen Kriterien zeigen notwendige Maßnahmen und Handlungen während der Einführung und auch danach. Diese Liste wird in Kapitel 3.2.2 in Form einer Checkliste verwendet, um eine Systemanalyse durchzuführen. Dabei wird das Ziel verfolgt, die Leistung abzufragen.[162] Anhand des Ergebnisses ist es unter Umständen möglich, eine Verbesserung der Wirksamkeit des Systems, der Kundenorientierung oder einen veränderten Bedarf an Ressourcen zu ermitteln.[163]

---

[161] [SCH04], S. 294. Es ist an die Erklärungen der Abbildung 2-6 angelehnt.
[162] Ähnlich dem Systemaudit nach DIN ISO 9000ff.
[163] [DIN9001], S. 22.

2.5 Vorgehensweise bei der Analyse und Bewertung

Bei der Erstellung eines Konzeptes zur Weiterentwicklung eines bestehenden Systems, ist es ein probates Mittel, von einem Ist-Zustand ausgehend, einen Sollzustand abzuleiten.[164] Die Situation wird schrittweise analysiert und fließt in die Beschreibung eines möglichen Soll-Konzeptes, der Vision, mit ein. Die konkrete Umsetzung wird anschließend in Form eines Handlungsplanes beschrieben. Im Handlungsplan sind Maßnahmen aufgezeigt und priorisiert, um eine Unterscheidung zwischen kurzfristigen, mittelfristigen und strategischen Maßnahmen zu ermöglichen.[165]

| Phase A)
Situationsanalyse | Phase B)
Zielformulierung/
Vision | Phase C)
Syntheseanalyse/
Maßnahmen-
generierung | Phase D)
Bewertung und
Auswahl | Phase E)
Realisierung |

Abbildung 2-10: Fünf Phasen bei der Analyse und Bewertung [ED]

Nachfolgend werden die verschiedenen Phasen aus **Abbildung 2-9** mit den methodischen Mitteln beschrieben:

Phase A) Der Auslöser einer Situationsanalyse (oder auch Ist-Analyse) sind oft Hypothesen im Vorfeld, die auf Vorwissen basieren und mit einem gewissen Aufwand und strukturierter Vorgehensweise bewiesen werden können. Die Analyse ermittelt die Lücke zwischen dem Ist und dem Soll. Dabei kann entweder ein eigener Soll-Zustand definiert werden oder eine Vorgabe des Solls durch Gesetze, Normen, Richtlinien oder Regelungen existieren. Im Fall der Soll-Vorgabe wird diese durch Methoden, wie Checklistenverfahren, Zielerfüllungsgradberechnung oder Benchmarking überprüft.[166]

Für die Situationsanalyse ist es wichtig, dass die Informationen aus aktuellen, vergangenen und zukünftigen Zuständen beschafft, aufbereitet und dargestellt werden.[167] Dabei werden der Untersuchungs- und Objektbereich festgelegt und Planungswechselwirkungen, Randbedingungen und Restriktionen beschrieben. Für den ersten Teil Informationsanalyse, der Informationsbeschaffung, gibt es verschiedene Methoden, die hinsichtlich ihrer Eignung für das Problemumfeld ausgewählt werden können:

- Brainstorming/ Brainwriting
- Interviews (Situationskenntnisse, Meinungen, Wünsche oder Absichten abfragen)
- Fragebogen
- Checklisten
- Beobachtungsmethoden
- Hochrechnungen aus Datenmaterial

---

[164] Die anderen Möglichkeiten sind von der Vision des Sollzustandes ausgehend eine Lösung zu erreichen oder die Umsetzung eines vorgegebenen Sollzustands.
[165] Vgl. [LSP05].
[166] Eine vollständige Methodische Auflistung ist im Anhang in Tabelle 0-2 dargestellt.
[167] Vgl. [SYS02].

Gelegentlich existieren Vorgaben oder Restriktionen die einzelne Methoden nicht zulassen. Zum Beispiel verlangt die Vorgabe eines gewissen Detaillierungsgrades eine Hochrechnung oder die fehlende Primärquelle schließt ein Interview aus. Außerdem sind bei der Auswahl gewünschte Genauigkeit und Aufwand mitzubetrachten.[168]

Für den Teil der Informationsaufbereitung und Darstellung eignen sich Methoden, wie die Systemdarstellungen (z.B. nach Vester oder Goldratt), die Black-Box-Darstellung, systemhierarchische Darstellung, die Betrachtung von Systemaspekten oder auch ergänzende Methoden (z.B. ABC-Analyse, Flussdiagramme, Zuordnungsmatrizen, Tabellenkalkulation). [169]

Die Ergebnisse aus der Situationsanalyse fließen in Form qualitativen und quantitativen Schwachstellen bzw. Problemen im System in die Zielformulierung ein.

Phase B) Bei der Zielformulierung und Vision wird beschrieben, was erreicht bzw. in Zukunft vermieden werden soll. Als Abbild der Gegenwart, in der die analysierten Probleme gelöst wurden, wird zuerst eine Vision erstellt, die die Vermittlung von Zielen und Maßnahmen unterstützt.

Durch die Zielformulierung oder auch Zieldefinition wird die Vision konkretisiert. Dabei können verschiedene Aspekte, wie Zielobjekt, Zieleigenschaften, Inhalte und Anforderungen zum Ausdruck gebracht werden.

Die Beschreibung erfolgt durch Zielkataloge, Zielbäume (Hierarchische Darstellung), Input-Output-Modelle oder Kennzahlen.

Nach der Zieldefinition sind Zielrelationen (Synonym: Zielinterpendenz, Zielvernetzung) zu bilden. Es werden folgende Zusammenhänge untersucht: gegenseitige Unterstützung, Unabhängigkeit (Indifferenz), Zielkonkurrenz (Gegenläufigkeit) und Zielkonflikt (Widerspruch).[170]

Um eventuelle Maßnahmen gemäß der Zielerreichung bewerten zu können, werden Ziele entsprechend der Bedeutung priorisiert (z.B. nach Muss-, Soll- und Wunschziele) und operationalisiert. Letztgenanntes beschreibt die Entwicklung von Zielkriterien und Maßgrößen. Ziele sind entweder monetär bewertbar, nicht monetär, aber quantifizierbar oder qualitativ bewertbar.[171]

Phase C) In der Syntheseanalyse werden Problemlösungen entwickelt. Grundlegend sind zwei Strategien zu unterscheiden: entweder wird in die Tiefe untersucht oder in die Breite entwickelt. Der Unterschied besteht darin, ob neue Lösungen aufeinander aufbauen oder unabhängig voneinander entwickelt werden.

Wichtig ist, dass die Grenze des Machbaren (das Lösungsfeld) berücksichtigt wird. Lösungen müssen umsetzbar sein und eine Systemverbesserung gegenüber der Ausgangslage entsprechend der gesteckten Ziele herbeiführen.

---

[168] Vgl. [SYS02].
[169] Vgl. [SYS02].
[170] Vgl. [LSP05] oder auch [REI96], S. 212f.
[171] [REI96], S. 136ff.

Techniken, um Lösungen zu finden sind z.b. Kreativitätstechniken, Modellie-
rungs- und Darstellungstechniken (Systemdarstellungen, Ablaufdiagramme, Ursache
Wirkungsdiagramme) oder Analysetechniken (Simulation, mathematische Methoden).
Ein probates Mittel ist die Auflistung der möglichen Problemlösungen als Maß-
nahmenkatalog. Um einen solchen Katalog zu erstellen, können die Beantwortung der
W-Fragen (Wer, Was, Wann, Wozu und Womit) eine Hilfestellung geben.[172]

Phase D) Im Anschluss an die Lösungsgenerierung gibt es verschiedene Maßnahmen (Lösungen), die in dieser Phase hinsichtlich der Zielerreichung bewertet werden, um eine Auswahl zu treffen.

Die Entscheider, die eine mögliche Umsetzung unterstützen oder durchführen,
müssen an der Bewertung beteiligt werden. Dadurch können die Maßnahmen kommuniziert werden und außerdem eventuell schon frühzeitig Förderer (der Maßnahmen)
gefunden werden.

Der (häufig) wichtigste Aspekt bei der Bewertung von Lösungen ist die Wirtschaftlichkeit. Hierfür gibt es im Rahmen der Wirtschaftlichkeitsbetrachtung drei verschiedene Methodengruppen, um Maßnahmen konkret zu bewerten:[173]

1. Nutzen/ Aufwand-Bewertung (Nutzwertanalyse, Aufwandswertanalyse, Nütz-
   lichkeitsanalyse, Kosten-Nutzen-Analyse etc.)
2. dynamische Wirtschaftlichkeitsrechnung (Kapitalwertmethode, Annuitätemetho-
   de, Interne Zinswertmethode etc.)
3. statische Wirtschaftlichkeitsrechnung (Erlösrechnung, Gewinnvergleichsrech-
   nung, Break-Even-Analyse etc.).

Als Erweiterung zu den herkömmlichen Bewertungen kann die Lösung auch hinsichtlich des Risikos (Risikoanalyse) oder der Empfindlichkeit (Sensitivitätsanalyse)
untersucht werden.

Im Anschluss an die Bewertung wird eine Grundsatzentscheidung gefällt, welche
Maßnahmen in welcher Reihenfolge bearbeitet werden.[174]

---

[172] Vgl. [ORG04].
[173] Eine vollständige Methodische Auflistung ist im Anhang in Tabelle 0-2 dargestellt.
[174] Vgl. [LSP05].

Phase E) Die letzte Phase dieser Vorgehensweise ist die konkrete Ausführung bzw. Realisierung der beschlossenen Maßnahmen mit anschließender Ergebniskontrolle. Dieser Schritt nimmt (in der Regel) die meiste Zeit des gesamten Ablaufs in Anspruch. Häufig werden Maßnahmen einer Detailplanung oder auch Ausführungsplanung unterzogen, um Arbeitsschritte, Meilensteine, Ressourcen und zeitliche Abläufe festzulegen.[175] Dabei wird exakt beschrieben, wer für welchen Umfang, in welchem Zeitrahmen, für welche Inhalte verantwortlich ist und ab wann eine Maßnahme als umgesetzt gilt.

---

[175] Vgl. [SYS02].

3 Ist-Analyse

3.1 Ausgangslage

3.1.1 Rahmenbedingungen

Offiziell wurde Prozessmanagement von 1996 bis 2000 bei der MECH AG eingeführt. Jedoch wurde erkannt, dass ein funktionierendes Prozessmanagement kein einmaliges Projekt ist, sondern eine fortlaufende Herausforderung, im Sinne des Kunden zu handeln. Es wurde mit der Abteilung Managementsysteme (MS) eine Abteilung für den weiteren Aufbau und die Pflege des gesamten Prozessmanagements beauftragt. Seit 2000 hat MS infolge dieses Auftrages jährlich neue Niederlassungen in das Prozessmanagement integriert. Zeitlich parallel wurde das SEA-Projekt (SEA = „Standardisierung europäischer (Prozess-) Abläufe") gestartet. Ziel des Projektes sind effiziente Kundenprozesse und einen MECH-Prozessstandard durch Reorganisation zu erreichen.

Der nachfolgende tabellarische Vergleich basiert auf Interviews mit Mitarbeitern der entsprechenden Bereiche und soll einen ersten Überblick über die wichtigsten Rahmenbedingungen verschaffen.

Tabelle 3-1: SEA und MS im Vergleich

	PMS SEA	PMS MS
Kurzbeschreibung und Rahmendaten		
Kurzbeschreibung	Projekt zur Reorganisation der MECH-Prozesse, Schaffung eines MECH Prozessstandards	Abteilung, die die Mindeststandards im Prozessmanagement vorgibt.
Adressatenkreis heute (Ziel)	18 Niederlassungen (42 Niederl.)	16 Niederlassungen (47 Niederl.)
Laufzeit	2000 bis voraussichtlich 2007	Seit 1996
Personal	10 Personen	4 Personen
Ziel des PMS	- Kundenorientierung gewährleisten - Einheitlichen Auftritt sicherstellen	- Kundennutzen maximieren - Produktivität und Zuverlässigkeit sicherstellen
Aufgaben	-Standardisierung der IT-Systeme - Reorganisation - Reduzierung der Prozesskomplexität - Einführung SCM	- Unterstützung der Fachbereiche - Einführung von PM - Regelmäßige Auditierung
Methoden	Business Reengineering (und auch kontinuierliche Verbesserung)	Aufbau eines PMS, Kontinuierliche Verbesserung

Die Gegenüberstellung zeigt, dass die Ziele ähnlich, jedoch die Aufgaben und methodische Herangehensweisen grundverschieden sind. Das erscheint auf den ersten Blick nicht ungewöhnlich und nicht problematisch, jedoch ist die methodische Herangehensweise auch eine Art „Lebensgefühl". Eine kontinuierliche Vorgehensweise, die schrittweise verbessert, lässt sich zum Teil schwer mit dem radikalen Reengineering verbinden.

Nachfolgend wird das Prozessmanagement im Sinne von MS und SEA etwas ausführlicher vorgestellt.

3.1.2 Prozesserneuerung durch das SEA-Projekt

Mit dem SEA-Projekt werden die Prozesslandschaften der verschiedenen Niederlassungen harmonisiert. Mittels eines Redesign der Prozesse und einer vollständigen Reorganisation werden in Deutschland und im europäischen Ausland alle vorhandenen Systeme auf SAP R/3 umgestellt. Das Projektteam besteht aus einer Stammmannschaft von 10-15 Personen und einem Projektleiter. Bei Bedarf werden weitere Personen hinzugenommen und auch externe Beratung in Anspruch genommen. Zum Aufgabengebiet gehört neben der Reorganisation der Prozesse und der Implementierung von SAP R/3 auch die Betreuung während der Einführung, z.b. durch Schulung der Mitarbeiter.

Vor dem Projekt haben verschiedene SAP-Versionen und andere Systeme parallel existiert. Die **Abbildung 3-1** zeigt schematisch auf der linken Seite, wie die Niederlassungen in der Vergangenheit ohne ein einheitliches ERP-System gearbeitet haben. Es gab zum Beispiel länderspezifisch verschiedene Produkt- und Preislisten. Kommunikation und Kooperation zwischen den verschiedenen Niederlassungen war insgesamt aufwendiger und schwieriger.

Durch das Reengineering werden die Strukturen, die Prozess- und Systemlandschaft so angepasst, dass in Zukunft sowohl die Daten- und Dokumentenbasis als auch die Prozesse die gleichen sind.[176]

Da die gesamte Prozesslandschaft strategisch und organisatorisch radikal verändert wird, versteht sich das Projekt als Reengineering-Projekt (und nicht als Software-Einführungsprojekt). SAP R/3 (und SAP CRM) sind die Werkzeuge zur Umsetzung dieses Vorhabens.

---

[176] Bei der Einführung werden die Daten übernommen und die Prozesse entsprechend des Bedarfs angepasst (= Customized).

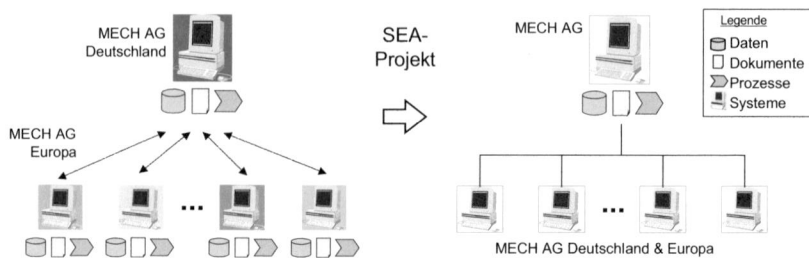

Abbildung 3-1: Veränderung durch das SEA-Projekt

Seit dem Start im Jahr 2000 werden schrittweise die verschiedenen Niederlassungen reorganisiert und in das System übernommen. Begonnen wurde mit der Systemumstellung von SAP R/2 zu R/3 in den in Deutschland vorhandenen Niederlassungen. Zurzeit werden die Auslandsvertretungen nach und nach integriert. Das gesamte Projekt soll bis 2007 abgeschlossen sein.

3.1.3   Prozessmanagement integriert in ein Managementsystem

Das Managementsystem (MS) der MECH AG integriert Qualität, Umweltschutz und Arbeitssicherheit. Die Wurzeln der Abteilung liegen in der Qualitätssicherung. MS versteht sich als prozessorientiertes und integriertes Managementsystem, welches dem Unternehmen bei der Einhaltung der Unternehmensziele Produktivität und Zuverlässigkeit unterstützt. Um diese Ziele zu erreichen, gelten folgende Normen und Gesetze:

- Qualitätsmanagement DIN EN ISO 9001 : 2000
- Umweltmanagement DIN EN ISO 14001 : 1996
- Kontroll- und Transparenzgesetz (KonTraG)
- Arbeitsschutzmanagement (Arbeitsschutzgesetze und –verordnungen)

Die Grundlage für das Erreichen eines einheitlichen Standards stellt der MECH Prozessspeicher dar (siehe **Abbildung 3-2**). Es ist das Managementhandbuch, das in eine Intranet-fähige Version gewandelt wurde und allen Mitarbeitern zur Verfügung steht.

Die darin enthaltene Struktur und damit auch des Managementsystems ist insgesamt in vier Ebenen gegliedert:[177]

Ebene 1a)   **Führung/Leitung** beschreibt die Verantwortung der obersten Leitung.

Ebene 1b)   **Geschäftsprozesse** beinhalten alle Aktivitäten zur Erfassung und Erfüllung von Kundenforderungen. Jede Unternehmenseinheit hat mindestens einen Geschäftsprozess.

Ebene 2)   **Schlüsselprozesse** sind Prozesse mit direkter Verbindung zum Geschäftsprozess.

---

[177] Vgl. Definition im MECH Intranet im Bereich „Grundlagen Prozessmanagement"

Ebene 3)   **Stützprozesse** sind Prozesse mit Querschnittsfunktionen für Begleit- und Geschäftsprozesse.

Die Dokumentation beinhaltet Dokumente der Aufbauorganisation (Organigramme, Zuständigkeitslisten) und der Ablauforganisation (Prozesssteckbriefe, Verfahrensanweisungen, Checklisten und Arbeitsanweisungen). Das Herzstück stellen die Prozesssteckbriefe (bzw. Prozessdarstellungen) dar, in denen die Prozesse aus der Sicht der einzelnen Niederlassungen dokumentiert worden sind.

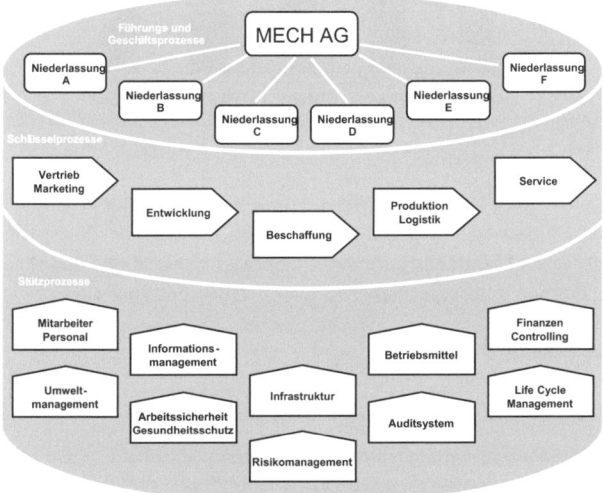

Abbildung 3-2: Prozessspeicher des MECH Managementsystems[178]

MS unterstützt bei der Ermittlung und Darstellung relevanter Abläufe. Außerdem werden mit den einzelnen Niederlassungen Prozesskennzahlen erarbeitet, die das Erreichen der Kunden- und Unternehmensziele sicherstellen und zur Überprüfung der Eingriffsgrenzen dienen (siehe **Abbildung 3-3**). In festgelegten Zeitabständen werden die Kennzahlen durch die Prozesseigner erfasst und in Form eines Berichtes dokumentiert. [179]

---

[178] Der Prozessspeicher ist im Intranet hinterlegt.
[179] Berichtswesen (intern, extern).

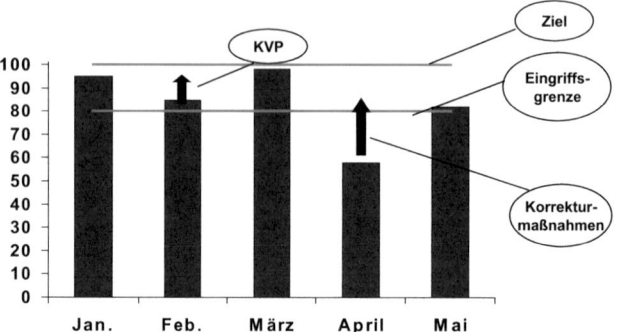

Abbildung 3-3: Prozesscontrolling[180]

Der Fokus des Prozessmanagements aus MS-Sicht liegt auf Qualitätsmanagementaspekten. Dabei spielt die Sicherstellung von Qualität und Prozessorientierung durch Audits eine wesentliche Rolle. Außerdem wird versucht, bei den Niederlassungen kontinuierliche Verbesserungsprozesse anzustoßen und zu lenken.

3.2 Situationsanalyse

3.2.1 Systemische Betrachtung des Prozessmanagements

Die Situationsanalyse beginnt mit einer Systemerfassung. Es geht dabei um die Fragen, was das vorliegende Prozessmanagement für ein System ist und wie es sich verhält. Probleme im Prozessmanagement spielen zunächst eine untergeordnete Rolle. Vielmehr soll erfasst werden, in was für einem System das Problem eingebettet ist.[181]

Für eine solche systemische Herangehensweise ist die Entwicklung eines Systembildes ein wirksames Mittel.[182] Es hilft sich von herkömmlichen, eingefahrenen Denkmuster zu lösen und in Wirkungsnetzen zu denken.[183] In Anlehnung an die Methodik von Prof. Vester ist folgendes Systembild entstanden:[184]

---

[180] Die Grafik ist aus der internen Schulungspräsentation für Prozessmanagement von MS entnommen.

[181] [VES02], S. 205.

[182] [VES02], S. 185ff. Es wird in der Regel im Sensitivitätsmodell von Prof. Vester eingesetzt, um bei den am Projekt beteiligten Mitarbeitern ein erstes Systemverständnis zu erzeugen. Auf dieser Basis werden anschließend acht weitere Schritte zur vollständigen Analyse aufgebaut.

[183] [VES02], S. 206.

[184] Die genaue Vorgehensweise ist in [VES02], S. 203, beschrieben. Das Systembild basiert auf den Eindrücken und Erfahrungen, die durch die abteilungsübergreifende Zusammenarbeit mit Mitarbeitern gesammelt werden konnte und entspricht dem Kenntnisstand vom Januar 2005.

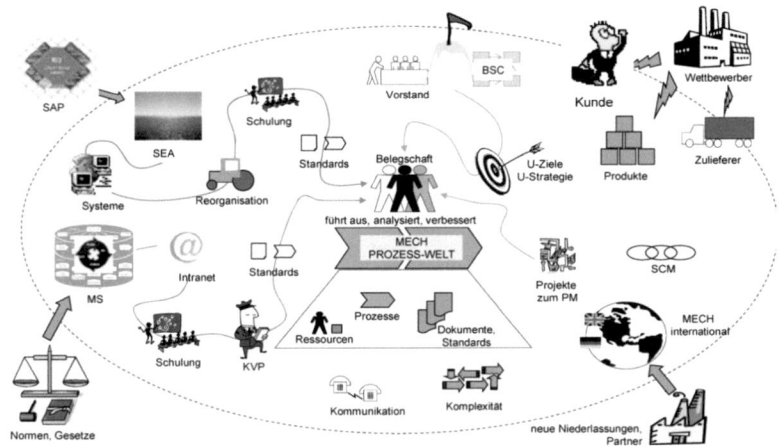

Abbildung 3-4: Systembild des MECH Prozessmanagements [ED]

In der Mitte des Bildes, dem Zentrum des Prozessmanagements, ist die „MECH Prozesswelt" in Form von zwei Prozesspfeilen und Mitarbeitern abgebildet. Der Mitarbeiter führt die Prozesse aus, analysiert diese und kann sie verbessern. Er ist dafür verantwortlich, dass die vermittelten Standards eingehalten werden und Prozesse optimal für den Unternehmenserfolg ablaufen.

Ein System besteht, laut Definition, aus Elementen, die miteinander in Wechselwirkung stehen und durch eine Grenze von anderen Elementen und Systemen getrennt sind.[185] In diesem Systembild gibt es insgesamt vier Protagonisten oder Subsysteme. Alle stehen direkt in Verbindung zum ausführenden Mitarbeiter. Die „MECH Prozesswelt" wird durch einen blauen, kreisförmigen Rahmen umspannt, welches die Systemgrenze darstellt. Durch graue, dünne Pfeile wird der interne Einfluss auf die Mitarbeiter und Prozesse symbolisiert. Die blauen, dicken Pfeile oder Blitze stellen externe Einflussgrößen auf das System dar.

Am oberen linken Bildrand ist das SEA-Projekt platziert, welches über Reorganisation, Prozesse verändert und ein neues Prozessmanagement (neue Prozesse, Standards und Regeln) einführt.

Bildlich gesehen darunter ist das Managementsystem in Form des Prozessspeichers mit einem Handlungskreislauf angezeichnet. MS baut das offizielle Prozessmanagement auf und setzt dabei auf übergreifend gültige Standards. Mit der Methode der kontinuierlichen Verbesserung wird an Prozessen und Prozessmanagement laufend gearbeitet.

Am oberen Rand ist der dritte Protagonist, der Vorstand, der seine Ziele, Strategien und Visionen, die auch die Prozesswelt betreffen, den Mitarbeitern vermittelt.

---

[185] Vgl. [DIN9000], S. 20.

Als letzter der vier Protagonisten sind „weitere Projekte" angezeichnet. Diese sind weder MS noch SEA zugehörig und beeinflussen das Prozessmanagement, indem sie Prozessanalysen durchführen und Prozessveränderungen bedingen. Im weiteren Prozessumfeld gibt es noch andere Faktoren, wie den Kunden, der hervorragende und flexible Prozesse verlangt. Er steht, wie der Lieferant auch, auf der Systemgrenze, da er sowohl innerhalb als auch außerhalb der Prozesswelt diese beeinflusst.

Ein weiteres Beispiel ist die fortlaufende Internationalisierung der MECH AG (dargestellt durch eine Weltkugel), die einen steigenden Druck auf die Harmonisierung der Prozesse ausübt. In diesem Zusammenhang steht auch die Supply Chain, die zwischen der Internationalisierung und den Lieferanten angeordnet ist.

Es ist durch die Pfeile und Symbole zu erkennen, dass der Mitarbeiter von vielen Seiten beeinflusst wird. Im Falle von Prozessproblemen könnten demnach viele Gruppen befragt werden. Es gibt keine ganzheitliche Vermittlung von Prozessstandards. Dass die grauen Linien der Subsysteme sich nicht treffen, ist auf den Umstand der fehlenden Kommunikation (zum Beispiel zwischen MS und SEA) zurückzuführen. Trotz langjähriger Arbeit im Prozessmanagement hat es kaum bis gar keinen Kontakt zwischen MS und SEA gegeben.

Die „weiteren Projekte" sind erst in der Endphase der Entwicklung des Systembildes hinzugekommen, da laufende Projekte „aufgetaucht" sind, die Prozessoptimierungen durchführen und über die Fachbereiche hinweg weitgehend unbekannt sind. Sie werden im Einzelfall bei Bedarf selbst angestoßen.

Zusammenfassend zeigt das Systembild, dass es im Prozessmanagement bei der MECH AG viele Gruppen und Umstände gibt, die alle berücksichtigt werden müssen. Ein entwickeltes Konzept zur Systemverbesserung sollte jedem der Punkte in gewisser Weise gerecht werden.

Der Vorteil einer solchen systemischen Betrachtung liegt zum einen in der grafischen Darstellung, über die in der Regel leichter Meinungen und Eindrücke ausgetauscht werden können.[186] Aus einem Systembild lassen sich außerdem Rückschlüsse ziehen, welchen Eindruck ein System auf die Ersteller hat. Ein zukünftiges Anwendungsfeld könnte die Erstellung eines „einfachen" Systembildes zu Beginn jeder Prozessmanagementschulung sein, um zu erfahren, wie das Prozessmanagement von den Mitarbeitern gesehen wird. Aus den Ergebnissen könnten direkt wichtige Tagespunkte der Schulung abgeleitet oder der Aufklärungsbedarf insgesamt abgefragt werden. Mit einer hohen Intensität im Bereich der Vermittlung der Prozessorientierung wird mit der Zeit auch die Qualität der Systembilder zunehmen.

---

[186] „Ein Bild sagt mehr als tausend Worte…", Die Einarbeitung in das vorliegende Systembild erfolgt in jedem Fall schneller als die Einarbeitung in einen Prozessmanagementbericht mit Kennzahlen. Bei der Entwicklung von Zielen und Maßnahmen ist anschließend beides gleichermaßen von Bedeutung.

3.2.2 Untersuchung der Anforderungen an ein Prozessmanagement

In diesem Kapitel soll überprüft werden, ob und in welchem Maße die Anforderungen an ein Prozessmanagementsystem in Theorie und Praxis erfüllt werden. Hierfür werden zunächst die Anforderungen aus Kapitel 2.4.5 (Vgl. **Tabelle 2-5**) aufgegriffen. Im Rahmen einer Checkliste wird überprüft, wo Lücken im MECH Prozessmanagement existieren. Dabei wird zwischen dem von MS und vom SEA-Projekt aufgebauten und vermittelten Prozessmanagement unterschieden.

Tabelle 3-2: Checkliste der Anforderungen[187]

Oberbegriff	Kriterium	MS	SEA
1. Strategische Positionierung	a. Strategische Ausrichtung	●	●
	b. Ziele und Aufgaben	◐	◐
	c. Oberste Leitung	◐	◐
2. Identifizierung der Prozesse	a. Prozessidentifikation	◐	○
	b. Prozessstruktur	●	○
	c. Prozessdokumentation	◐	○
3. Implementierung der Prozesse	a. Initial-Schulung	◐	◐
	b. Zugriff	●	●
	c. Prozessorientierte Organisation	○	○
4. Implementierung des Prozesscontrollings	a. Messpunkte	◐	○
	b. Kennzahlen	◐	○
	c. Controlling	◐	○
5. Operativer Ablauf	a. Sicherstellung der Prozessabläufe	◐	◐
	b. Prozessanalyse	○	○
● wird vollständig erfüllt	c. Verfügbarkeit Prozesswissen	◐	◐
○ wird teilweise erfüllt	d. Vorschlagswesen	○	○
○ wird nicht erfüllt	e. Folgeschulung	●	●
	f. Prozessorientiertes Handeln	●	◐
	g. Regelmäßige Optimierung	●	◐
	h. Integration anderer Systeme	◐	○
6. Prozessoptimierung	a. KVP	●	○
	b. BPR	○	●

MS und SEA separat betrachtet, werden die meisten Kriterien (mindestens teilweise) erfüllt. Oft fehlen Nuancen, um ein schwarz ausgefüllten Kreis zu bekommen. Beim Vorschlagswesen ist eine Lücke, die dadurch zu erklären ist, dass es nicht im Aufgabenbereich von MS und SEA liegt.

Das Fazit der Checkliste ist, dass das Prozessmanagement die Grundanforderungen erfüllt und geringe Verbesserungspotenziale hat. Für die Niederlassungen, wo sowohl MS als auch SEA schon Prozessmanagement eingeführt haben, gilt, dass objektiv gesehen, der Großteil der Anforderungen vollständig abgedeckt wird (19 von 22).

Um diesen positiven Eindruck zu überprüfen, wird das Prozessmanagement mit dem aktuellen Stand der Prozessmanagementsysteme in der Wirtschaft verglichen. Hierfür wird in Form eines Fragebogens der Unternehmensberatung Beracon ein

---

[187] Die Bewertung in Tabelle 3-2 basiert auf Informationen aus Gesprächen mit den verantwortlichen Abteilungsleitern ergänzt mit Schulungs- und Informationspräsentationen.

Benchmarking durchgeführt.[188] Die Firma bietet seit mehreren Jahren diesen Vergleich an und verfügt über eine entsprechende Datenbasis mit Referenzwerten.

Anhand von 42 Fragen, wird das Prozessmanagement charakterisiert und anschließend von erfahrenen Beratern hinsichtlich Stärken und Schwächen analysiert.

Der Fragebogen ist in die folgenden neun Bereiche unterteilt:

* Initialisierung (Zeitraum, Anstoß)
* Vorbereitung des Projektes (Analysen, Projektunterstützung)
* Strategien und Ziele
* Prozessdefinition
* Prozessbeschreibung
* Organisation (Prozessorientierung, Rollen)
* Prozesscontrolling (Kennzahlenart, Prüfregeln)
* Prozessoptimierung (Methoden, Teamwork)
* Nachbetrachtung (Softwaretools, Strategieorientierung)

Bei einem Treffen von MS und SEA wurde der Fragebogen gemeinsam ausgefüllt und zur Auswertung an die Unternehmensberatung geschickt.

Eine von der Meinung der Beracon unabhängige (eigene) Einschätzung, dass der ausgefüllte Fragebogen wenige Kritikpunkte beinhaltet, wurde durch die Expertenmeinung von Beracon bestätigt. Das Prozessmanagement bei der MECH AG erfüllt alle Anforderungen und „macht einen guten Eindruck". Es werden keine konkreten Handlungsfelder gesehen, die sich zwingend aus dem Fragebogen ableiten lassen.

Einzig bei einigen kleinen Schwachstellen wird geraten, sich dieser in Zukunft anzunehmen: Als Beispiel wird aufgeführt, dass nicht alle Prozesse beschrieben sind und an den Prozessschnittstellen nur zum Teil Leistungsvereinbarungen existieren. Außerdem ist keine Prozesskostenrechnung implementiert und es gibt keine reine Prozessorganisation, sondern nur eine Mischorganisation.[189]

Zusammenfassend haben die Checkliste und das Benchmarking gezeigt, dass das Prozessmanagement alle Facetten abdeckt und „gut" erfüllt.[190] Daraus lässt sich schließen, dass wenn es Probleme auf dem Weg zur Prozessorientierung gibt, diese nicht über die „offensichtlichen" Anforderungen zu erschließen sind.

---

[188] Vgl. www.beracon.de, Abruf am 11.01.2005.

[189] Vgl. [SCH04], S. 367: Eine Mischorganisation ist in der Praxis durchaus normal.

[190] Was wiederum durch die Zertifizierung des MECH Prozessmanagements nach DIN ISO 9000ff. auch bestätigt wird.

3.2.3 Ermittlung des Kernproblems nach Goldratt

Henry Ford hat gesagt, dass Probleme versteckte Möglichkeiten sind. Die „Theory of Constraints" nach Goldratt ist ein kybernetisches Werkzeug, um über Problemthesen Möglichkeiten zur Verbesserung aufzuzeigen.[191]

In dem ersten von fünf Logik-Bäumen, der „Current Reality Tree" (CRT bzw. „Gegenwartsbaum"), wird über mehrere Schritte eine Ansammlung von Problemen miteinander vernetzt. Das Ziel eines solchen Baumes ist die Identifikation des Kernproblems.[192]

In der Current Reality Tree werden mit Hilfe von unerwünschten Effekten (UDE)[193] Ursache- Wirkungsketten ermittelt und aufgebaut. Der Grundstamm der U-DEs wurde im konkreten Fall der MECH AG ermittelt, indem Mitarbeitern die Frage gestellt wurde, warum das Prozessmanagement ihrer Meinung nach „nicht rund läuft". Eine Auswahl der gesammelten Kommentare und Meinungen ist in **Abbildung 3-5** dargestellt.[194]

„Wissen über Prozesse ist Herrschaftswissen und wird nicht weitergegeben." (UDE #1)

„Viele Mitarbeiter können mit Prozessmanagement bei der MECH AG nichts anfangen." (2)

„MS hat den Ruf nur Audits durchzuführen." (3a)

„SEA hat den Ruf nur SAP einzuführen." (3b)

„Es wird nicht über den Tellerrand geschaut – an prozesstechnische Auswirkungen gedacht." (4)

„Prozesswissen ist nicht da oder wird nicht abgerufen." (5)

„Es gibt keinen übergreifend gültigen Prozessstandard." (6)

„Den Prozessspeicher schaut man sich nur bei Audits an." (7)

„Den Mitarbeitern fehlt das Commitment zum Prozessmanagement." (8)

Abbildung 3-5: Unerwünschte Effekte (UDE) im MECH Prozessmanagement

Ein Versuch diese Aussagen, zusammen mit anderen Thesen, empirisch durch eine Mitarbeiterbefragung zu belegen oder auch zu ergänzen, wurde im letzten Moment gestoppt.[195] Die Begründung für die Absage ist gewesen, dass durch eine Befragung bei den Mitarbeitern eine falsche Erwartungshaltung erzeugt werden könnte.

Um trotz allem die Problematik vernetzt aufzuarbeiten, sind die vorhandenen unerwünschten Effekte aus der Tabelle in Wirkzusammenhänge gesetzt worden. Weitere Effekte oder auch Zustände müssen gemäß der Modellierungsregeln so ergänzt wer-

---

[191] Vgl. [GOL94. Die Methodik ist im Anhang kurz beschrieben (Kapitel A 1) oder ausführlicher in den Büchern von Dettmer („Theory of Constraints", McGraw-Hill Education, 1997) oder Goldratt (z.B. [GOL94]) nachzulesen.

[192] Neuer erwünschter Effekt: „Es gibt ein einheitliches, ganzheitliches Prozessmanagement".

[193] Original: undesired effects (UDE).

[194] Die Aussagen sind von Mitarbeitern aus verschiedenen Bereichen.

[195] Der Betriebsrat der AG hatte die Befragung und den Fragenkatalog schon genehmigt.

den, dass letztendlich die Current Reality Tree daraus entsteht (siehe **Abbildung 3-6**).[196]

Insgesamt spannen 27 unerwünschte Effekte diese Current Reality Tree auf. Die Objekte, die nur ausgehende und keine eingehenden Pfeile haben, werden als Problemwurzeln[197] bezeichnet. Davon gibt es in der Abbildung insgesamt zwei (Nummer 1 und 27). Um den unerwünschten Effekt zu ermitteln, welches das Kernproblem[198] darstellt, wird überprüft, welche Problemwurzel mindestens 70% der gesamten unerwünschten Effekte verursacht.

In dieser Darstellung werden 93% (=25/27) dadurch beeinflusst, dass das Prozessmanagement nicht ganzheitlich, sondern durch mehrere Parteien mit verschiedenen Schwerpunkten, abgewickelt wird. Damit ist der unterste Punkt der Darstellung das eigentliche Kernproblem.

---

[196] Der Einfluss- und Kontrollbereich, der in der Regel mit angezeichnet werden muss, ist in folgenden Bild nicht vorhanden, da der Fokus auf der Problemfindung liegt und nicht auf der Problemlösung. Bei einer konkreten Umsetzung ist es empfehlenswert, dass die Bereiche durch die beteiligten Personen nachgetragen werden.

[197] Original: root cause (englisch).

[198] Original: core problem (englisch).

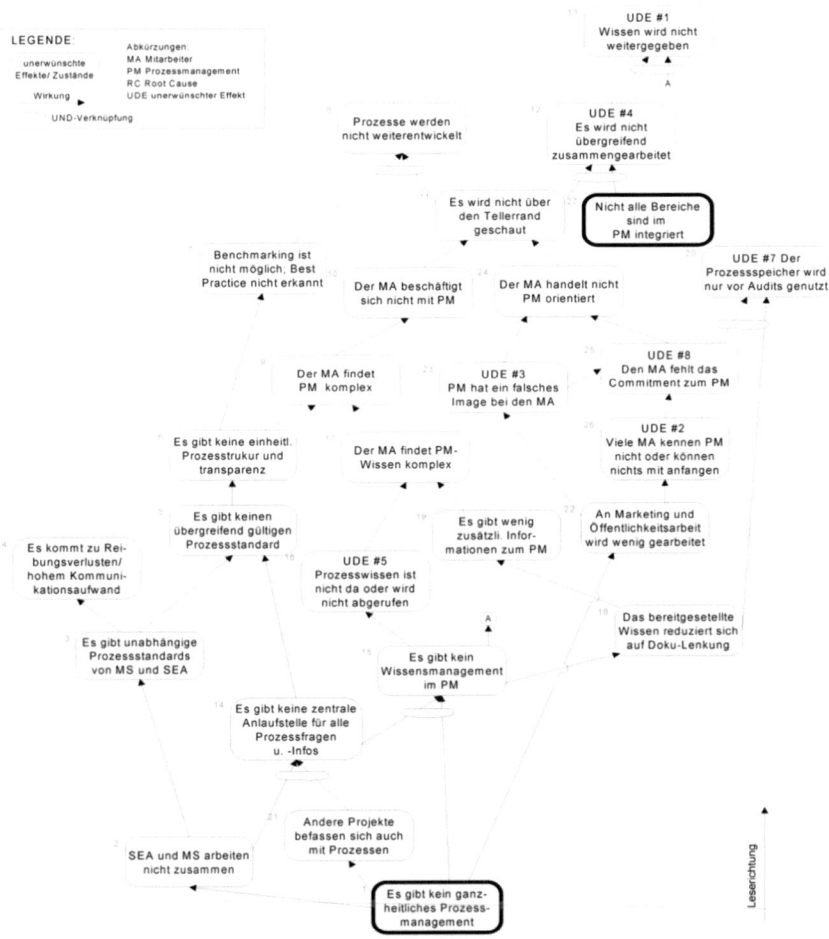

Abbildung 3-6: Current Reality Tree des MECH Prozessmanagements [ED]

Auch wenn die Methodik auf den ersten Blick etwas ungewöhnlich erscheint und die Umsetzung oft nicht so strikt erfolgen kann, wie von Goldratt erfordert, gibt es einige Vorteile im Zusammenhang mit der Current Reality Tree: Es werden die Probleme angesprochen, die die Mitarbeiter formulieren und die sonst in einer anderen Methodik wahrscheinlich als Kritik abgetan würden. Außerdem ermöglicht die „einfache" Sprache einer Current Reality Tree, dass (fast) alle Mitarbeiter sie verstehen.

Dadurch, dass die Probleme in ein Wirkungsgefüge eingebettet werden, lassen sich positive Veränderungen eines Objektes leicht nachvollziehen. Maßnahmen können fokussiert auf eine Problemlösung hinarbeiten. Wenn das Kernproblem beseitigt ist, sind entweder (fast) alle anderen unerwünschten Effekte positiv zu formulieren oder es hat sich inzwischen ein neues System mit einem neuen, anderen Kernproblem entwickelt.

Die Current Reality Tree wird zu einem späteren Zeitpunkt (in Kapitel 5.2) noch einmal aufgegriffen und weiterentwickelt.

3.3 Zusammenfassung und Bewertung der Ist-Situation

Im Prozessmanagement gibt es zwei wesentliche Personengruppen: Auf der einen Seite die Mitarbeiter, die bei ihrer täglichen Arbeit Kundenorientierung oder Prozessorientierung mit einfließen lassen und auf der anderen Seite, diejenigen, die die Grundlagen und das Umfeld bereitstellen. Das Prozess Reengineering-Projekt (SEA) und das Managementsystem (MS), prägen und unterstützen den Mitarbeiter in dessen prozessorientierten Handeln.

Es wurde aufgezeigt, dass die Grundlagen und geforderten Inhalte im Prozessmanagement (fast) alle erfüllt werden. Damit ist noch einmal bestätigt, was durch die regelmäßige Zertifizierung in einem anderen Umfang überprüft wird. Jedoch allein die Inhalte richtig bereitzustellen, in der Praxis nicht unmittelbar zu Kundenorientierung und prozessorientierten Arbeiten bei den Mitarbeitern geführt hat.[199]

Mit Hilfe der Current Reality Tree wurde versucht, einige andere Probleme anzusprechen und aufzuzeigen, die in den meisten Analysen keine Rolle spielen. Die vordergründige Frage für das aktuelle Prozessmanagement ist nicht die Frage nach den Anforderungen („Was es braucht"). Diese wird hinreichend durch regelmäßige Audits überprüft. Viel wichtiger ist zu klären, wie Prozesswissen vermittelt wird. Der Mitarbeiter muss mehr in den Vordergrund gerückt werden.

Die Herausforderung steckt in der Zusammenarbeit und Vernetzung von qualitäts-, IT- und strategieorientierten Prozessmanagement. Nur ein Prozessmanagement, dass über alle Bereiche Kompetenzen, Erfahrungen oder Beziehungen verfügt, kann glaubhaft vermitteln, dass der Mitarbeiter „über den Tellerrand schauen" soll und sein Handeln prozessorientiert ausrichtet.

---

[199] [SCH04], S. 48. Der Autor sagt, dass die ISO-Zertifizierung bzgl. der Kundenorientierung noch nichts gebracht hat und verweist dabei auf andere Untersuchungen, die er kurz vorstellt.

4 Soll-Konzept

4.1 Vision als Soll-Konzept

4.1.1 Einleitung

Eine Vision ist ein Idealbild einer unbestimmten Zukunft, woraus sich Strategien und Ziele ableiten lassen.[200] Basierend auf den vorherigen Ergebnissen wurde eine Vision für das zukünftige MECH Prozessmanagement. Ziel ist es damit aufzuzeigen, wohin sich das Prozessmanagement in den nächsten Jahren entwickeln kann. Kern dabei ist die Vernetzung von MS und SEA. Als Ergebnis wird ein Konzept skizziert sein, bei dem der Mitarbeiter durch ein ganzheitliches Prozessmanagement bei seiner Arbeit jederzeit betreut, beraten und unterstützt wird.

Zwei Aspekte unterstreichen die Notwendigkeit eines Umbaus oder einer Neu-ausrichtung des bestehenden Prozessmanagements:
Erstens wächst durch die stetig steigende Anzahl an Niederlassungen, die im Prozessmanagement integriert sind, die Inanspruchnahme des Prozessmanagements. Stellvertretend für diese Tendenz ist die Prozessmanagementdokumentation. Die Do-kumentenanzahl in der Dokumentenlenkung hat in den letzten vier Jahren exponentiell zugenommen.[201] Im Gegensatz dazu ist die Anzahl der betreuenden Mitarbeiter kon-stant geblieben. Eine Veränderung der steigenden „Dokumentenflut" ist nicht abzuse-hen, da vor allem in die Mehrsprachigkeit der Dokumentation noch Potenzial steckt.
Der zweite wichtige Punkt ist, dass in vier Jahren das SEA-Projekt offiziell been-det sein wird. Ein Folgeprojekt im SAP-Umfeld muss aber die weitere Unterstützung (den Support) sicherstellen oder sich neuen Systemherausforderungen widmen, da der Bedarf durch den weltweiten Einsatz des SAP–Systems vorhanden sein wird (bzw. vorhanden ist). Das vorgeschlagene Konzept kann einen Übergang von der Kernauf-gabe der Implementierung zu der zukünftigen Kernaufgabe des Supports ermöglichen.

Keine Vision kann ohne Disziplin, Ausdauer und den passenden Promotoren umgesetzt werden. Es ist deswegen erforderlich, dass für den Fall der Umsetzung, Förderer sowohl bei MS und SEA, als auch in der Unternehmensführung den Wandel aktiv unterstützen.

4.1.2 Vision des ganzheitlichen Prozessmanagements als Dienstleistung

Die gewählte Überschrift beinhaltet zwei Hauptthemengebiete: Ganzheitliches Prozessmanagement und Dienstleistung. Beide zusammen spiegeln die Vision wieder und werden im Folgenden einzeln erläutert.

---

[200] Vgl. www.wikipedia.de, Abruf am 04.04.05.
[201] Diese Entwicklung wurde bei einer Analyse der Dokumente im Prozessspeicher festgestellt (Stand Januar 2005) ermittelt.

Das **ganzheitliche Prozessmanagement** unterscheidet sich dahingehend vom bisherigen MECH Prozessmanagement, dass es alle Bereiche und Fragen in der MECH Prozesswelt abdeckt. Darüber hinaus werden Fähigkeiten, Erfahrungen und Kenntnisse genutzt, um bei Bedarf untereinander zu vermitteln. Ein **Mitarbeiternetzwerk** wird aufgebaut. Durch die übergreifende Kompetenz des Prozessmanagements werden alle Aktivitäten im Prozessmanagement über einen zentralen Punkt koordiniert.

Die Ganzheitlichkeit wird erreicht, indem alle prozessrelevanten Disziplinen abgedeckt werden. Das beinhaltet neben **Qualitätsaspekten** auch die **Strategie** und **IT**. Der Mitarbeiter bekommt das Gefühl, das Prozessfragen „alle aus einer Hand" abgewickelt werden. Die **Unternehmensstrategien**, ein aktuelles Leitbild oder auch Ziele sind Bestandteil des Prozessverständnisses. Werkzeuge, wie die Balanced Scorecard, sind in das Prozessmanagement integriert und im Verbund mit den Prozessen kommuniziert. Die **Weiterentwicklungen des Prozessmanagements** werden regelmäßig mit der Unternehmensführung abgestimmt und durch ein Change Management angestoßen.

Der Fokus im Prozessmanagement verändert sich, sowohl bei den Prozessen als auch beim Management zu mehr Leistungsorientierung. Neben der kontinuierlichen Weiterentwicklung werden regelmäßige Vergleiche mit dem Wettbewerb (**Benchmarking**) gesucht, um Verbesserungen frühzeitig zu erkennen und übernehmen zu können. Der Leistungsstand der Prozesse wird durch Vergleiche (innerhalb der Niederlassungen und extern mit Wettbewerbern) und Reifegrade im Prozessmanagement transparenter. Erfolge sowie „**Best Practice**" Beispiele werden über das Prozessmanagement ermittelt, kommuniziert und Lösungen gegebenenfalls adaptiert. Das ganzheitliche Prozessmanagement fördert dadurch Prozess- und Produktinnovationen.

Um einen internationalen MECH-Prozessstandard und ein hohes Prozessverständnis zu erreichen, hat weltweit jede Niederlassung zum einen **Zugriff** auf die übergreifend gültigen Dokumente und weiß von der Unterstützung und Verpflichtung durch das Prozessmanagement. Über das Intranet werden neben einer qualitativ hochwertigen Dokumentation auch zahlreiche **Informationen** angeboten, die den Mitarbeiter bei der eigenen Arbeit unterstützen.[202] Komplexe Prozesszusammenhänge werden über das Prozessmanagement abstrahiert dargestellt, so dass jeder Mitarbeiter sich in der Prozesswelt wieder finden kann und die Dokumentation versteht. Durch ein prozessorientiertes Wissensmanagement wird eine Wissensarchivierung vorangetrieben und ein Wissenstransfer mit Hilfe von geeigneten Werkzeugen ermöglicht.

Das ganzheitliche Prozessmanagement unterstützt bei der Einführung weiterer **Konzepte**, wie zum Beispiel dem Workflowmanagement. Es schafft durch frühzeitige Kommunikation in Zusammenhang mit der vermittelten Prozessorientierung eine Basis durch Sensibilisierung der Mitarbeiter, damit neue Konzepte effizient und effektiv umgesetzt werden.

---

[202] Hochwertig heißt in dem Fall: zweisprachig, allumfassend, verständlich und in einer angemessenen Länge.

Der zweite Punkt der Kapitelüberschrift ist der Begriff der **Dienstleistung**. Damit ist gemeint, dass das Prozessmanagement als Prozessberatung auftritt und sowohl das Angebot als auch die Nachfrage im Blickpunkt der Bemühungen hat.

Das **Angebot** der Dienstleistung wird entsprechend der Anspruchsteller entwickelt.[203] Es wird bei Bedarf auch in Zusammenarbeit mit anderen Abteilungen angeboten. Prozessmanagement verbindet Kompetenzen und arbeitet auch als Vermittler. Das Angebot der Dienstleistung wird regelmäßig durch Mitarbeiterbefragungen hinsichtlich der Eignung, Wirkung und Angemessenheit überprüft.[204] Außerdem wächst es mit den Anforderungen der Mitarbeiter, wobei durch regelmäßige Zufriedenheitsbefragungen und Feedbackanalysen versucht wird, auch initiativ, innovative Angebote zu entwickeln. Um den **Dialog** mit dem Mitarbeiter zu fördern, gibt es Kontaktmöglichkeiten via Email, Telefon oder auch über ein interaktives „schwarzes Brett", wo Fragen angepinnt werden können, die von der Beratung bearbeitet werden.

Die Dienstleistung hat als Ziel, die **Nachfrage** auf einem hohen Niveau zu halten. Zu diesem Zweck wird für das Angebot im Prozessmanagement regelmäßig **Werbung** gemacht. Veränderungen werden kommuniziert und die kontinuierliche Verbesserung wird vorgelebt.

Um alle Mitarbeiter auch als Mitstreiter zu gewinnen, werden verschiedene Möglichkeiten der **Anreizgestaltung** genutzt. Die Anreize werden im Einklang mit den Unternehmens- und Mitarbeiterzielen entwickelt.

Wissenstransfer ist eine der zukünftigen Kernaufgaben der Dienstleistung. „Wissen anzueignen" wird als Prozess erkannt und auch entsprechend unterstützt. Es existiert eine Informations- und Dokumentenstruktur, um die wissensintensiven Prozesse beherrschbar zu machen, indem das Wissen den Bedürfnissen und dem Vorwissen der Anwender angepasst wird.[205] Ein Prozess ist nicht mehr (nur) ein Steckbrief, sondern ist eingebettet in **Prozessübersichten**, vernetzt mit **Schulungsunterlagen** und zusätzlichen Dokumenten, die gezielt den Prozess beschreiben.

Im Rahmen von Schulungen werden gezielt Mitarbeiter mit **Methodenkompetenz** für prozessorientiertes Arbeiten ausgebildet und diese Methoden werden auch kommuniziert. Die Schulungen im Prozessmanagement umfassen eine ganze Schulungsreihe, die sich den verschiedenen Bedürfnissen der Mitarbeiter anpasst.[206]

In **Abbildung 4-1** ist eine Übersicht mit den möglichen Inhalten der MECH Prozessberatung dargestellt. Die gesamte Prozesskompetenz wird gebündelt in einem

---

[203] Anspruchsteller sind Mitarbeiter, Gesetzgeber und Geschäftsführer.

[204] Systemaudit bzw. Selbstbewertung, Forderung durch die DIN ISO 9000 ([DIN9000], S. 15f.).

[205] Zum Beispiel über eine persönliche Sicht des Prozessspeichers oder einer Intranetpräsenz.

[206] Mögliche Themenstellungen: Prozessmanagement allgemein, Prozesse und Qualität, Arbeiten mit dem Prozessspeicher, Prozesse und SAP.

Beratungsdienstleister. Der Prozessspeicher wird als **Schnittstelle** zum Mitarbeiter genutzt, um Informationen und Ansprechpartner zu vermitteln.

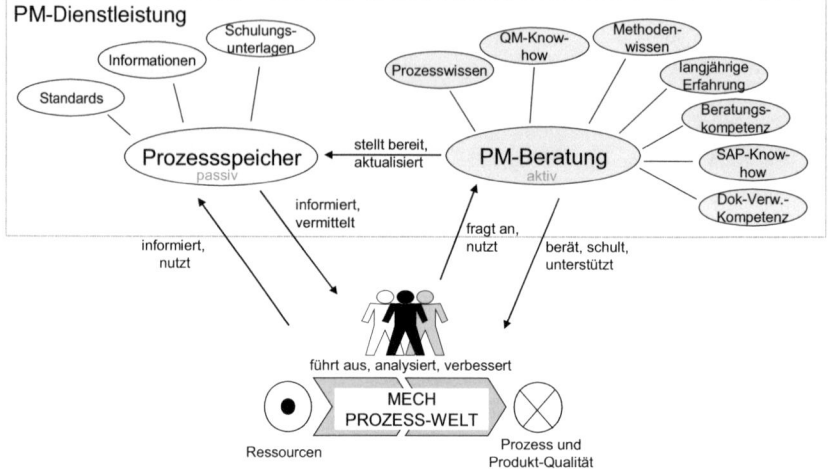

Abbildung 4-1: Funktionalität des ganzheitlichen Prozessmanagements [ED]

Über den Prozessspeicher, welches stellvertretend für eine Schnittstelle für Prozessfragen der Mitarbeiter steht, wird ein Online-Auftritt der Beratung bereitgestellt und gepflegt. Es werden dem Mitarbeiter verschiedene **Features (Eigenschaften)** angeboten, die ihm helfen seine Fragen zu beantworten und sich selber auch weiterzubilden. Speziell für neue Mitarbeiter oder Mitarbeiter ohne Vorkenntnisse werden besondere Hilfen angeboten. Darüber hinaus gibt es ein umfangreiches Online-Schulungsangebot zu den verschiedenen Themenstellungen im Prozessmanagement.

4.1.3 Ziele einer ganzheitlichen Prozessberatung

4.1.3.1 Zieldefinition

Bei der Definition von Zielen im Prozessmanagement, steht die Herausforderung einer genauen Abgrenzung oder Vorgabe einer Zielrichtung, da es eine Vielzahl von Zielen gibt. Auf der einen Seite gibt es Ziele, die im operativen Geschäft durch die Einführung eines Prozessmanagements erreicht werden sollen.[207] Auf der anderen Seite gibt es allgemeine Ziele, die strategisch aus der Vision abgeleitet werden.

Um die Vision, die das Soll-Konzept darstellt, weiter zu spezifizieren, werden Ziele definiert, die die Ziele einer gemeinsamen Dienstleistung beschreiben. In **Abbildung 4-2** ist ein so genannter Zielbaum dargestellt. Dieser hat insgesamt vier Hauptziele, die jeweils in drei bis vier Teilziele unterteilt sind.

---

[207] Vgl. Kapitel 2.4.1.

Der entwickelte Zielbaum soll den wichtigen Mitarbeiterbezug hervorheben und ist, wie zuvor die Current Reality Tree, absichtlich in einer „einfachen" Sprache gehalten. Im Prozessmanagement werden oft Ziele definiert, die mit Modewörtern oder Anglizismen belegt sind und deswegen von den Mitarbeitern nicht verstanden und gelebt werden.

Wenn alle dreizehn beschriebenen Teilziele erreicht sind, ist eine Dienstleistung im Prozessmanagement etabliert, die Prozessorientierung verbessert und das Prozessmanagement in ein „aktiv lebendes System" gewandelt.

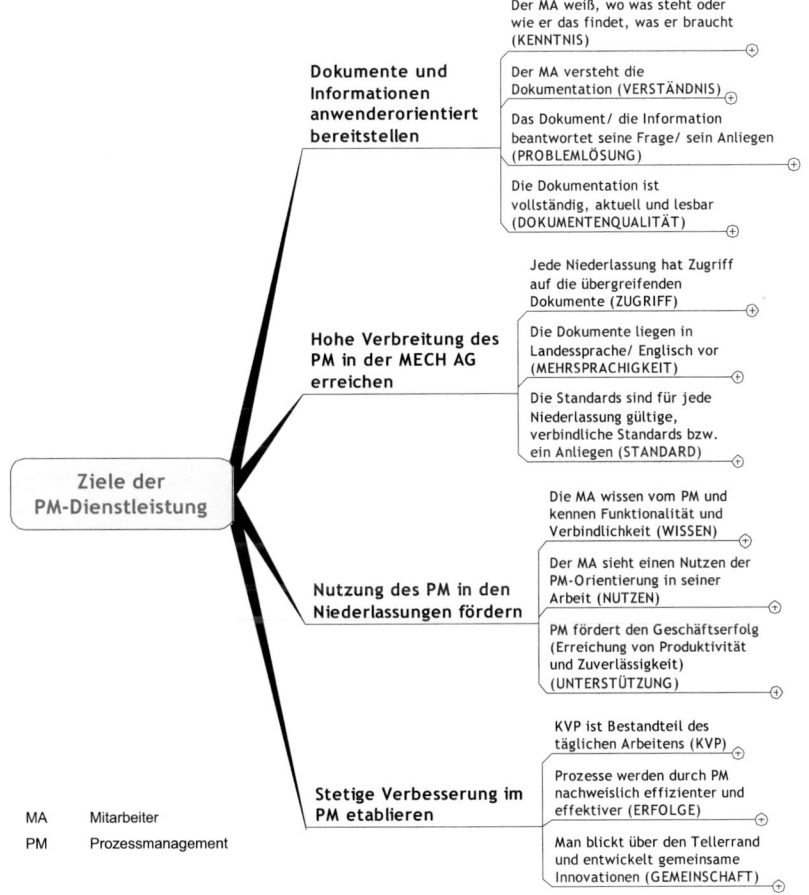

Abbildung 4-2: Zielbaum der Prozessmanagement-Dienstleistung [ED]

Der Nutzen einer solchen Zielbaumstruktur besteht, neben einer gewissen Übersichtlichkeit der Darstellung darin, dass im Bild weiter rechts neben den Teilzielen auch weitere Zielausprägungen oder auch Anmerkungen möglich sind. Eine mögliche Erweiterung ist beispielsweise das Beschreiben der Maßnahmen, die zur Zielerreichung beschlossen worden sind.[208] Damit kann schnell überprüft werden, ob die Ziele gleichmäßig mit Aktionen versehen wurden und ob es (gewollte oder ungewollte) Schwerpunkte gibt.

Die dargestellten Ziele sind noch frei interpretierbar. Für eine konkrete Adaption des Zielbaums müssen deshalb die Ziele operationalisiert werden. Es ist wichtig, qualitative und quantitative Maßgrößen mit Ausprägung des Zielkriteriums zu entwickeln, um den Grad der Zielerreichung jederzeit bestimmen zu können.[209] Als Beispiel sind Kennzahlen für das zweite Ziel aus dem Baum „Eine hohe Verbreitung des PM in den Niederlassungen fördern" in der folgenden Tabelle aufgelistet.[210]

Tabelle 4-1: Beispielkennzahlen für den Zielbaum

Teilziel	Kennzahl
Jede Niederlassung hat Zugriff auf die übergreifenden Dokumente (ZUGRIFF)	Anzahl der Mitarbeiter die Zugriff haben, Anzahl der Niederlassungen die Zugriff haben
Die Dokumente liegen in Landessprache/ Englisch vor (MEHRSPRACHIGKEIT)	Anzahl der Dokumente die Mehrsprachig vorliegen
Die Standards sind für jede Niederlassung gültige, verbindliche Standards bzw. ein Anliegen (STANDARD)	Anzahl der Niederlassungen im Prozessspeicher, Anzahl der Niederlassungen, die den PM-Standard haben oder sich dafür interessieren

Die Ermittlung der Kennzahlen im quantitativen Bereich ist oft eine Recherche- oder Systemfrage.[211] Im qualitativen Bereich müssen Werkzeuge, wie zum Beispiel eine regelmäßige Mitarbeiterbefragung, genutzt werden.

4.1.3.2 Zielvernetzung und Bewertung

Um zu verhindern, dass Ziele verfolgt werden, die sich gegenseitig behindern oder ausschließen, wird die Verbundwirkung analysiert.[212] Dabei wird jedes Ziel mit jedem Ziel verglichen, ob eine Unterstützung, eine Konkurrenz oder ein Konflikt besteht. In **Tabelle 4-2** ist eine Übersicht der Zielvernetzung dargestellt. Es ist zu erkennen, dass die Ziele komplementär sind, dass heißt sich gegenseitig unterstützen oder sich zumindest nicht behindern. Ein Beispiel für den komplementären Zusammenhang ist, dass wenn sich das Verständnis erhöht, dann erhöht sich auch die Problemlöse-

---

[208] Vgl. [REI96], S. 215. Die Erweiterung für den hier beschriebenen Fall des Prozessmanagements der MECH AG erfolgt in Tabellenform in Tabelle 5-4.

[209] [REI96], S. 137f.

[210] Eine Erweiterung des Zielbaumes mit allen Kennzahlen ist im Anhang in Abbildung 0-1 dargestellt. Die Kennzahlen sind mögliche Kennzahlen und stellen keinen Standard dar. Bei einer Anwendung sind gegebenenfalls hinzuzufügen, zu verändern oder zu streichen.

[211] Damit ist der Umstand gemeint, dass aufgrund unterschiedlicher IT-Systeme der Aufwand der Kennzahlenermittlung stark schwanken kann. Die Spannweite geht von „real-time" Kennzahlenberechnung bis zu aufwendiger Datenbankanalyse.

[212] [REI96], S. 88ff.

kompetenz.[213] Durch das Verständnis erhöht sich auch die Fähigkeit in schwierigen Situationen richtig zu handeln.

Tabelle 4-2: Zielvernetzung in Anlehnung an [REI96][214]

		Kenntnis	Verständnis	Problemlösung	Dokumentenqualität	Zugriff	Mehrsprachigkeit	Standard	Wissen	Nutzen	Unterstützung	KVP	Erfolge	Gemeinschaft
Nr.	Bezeichnung	1	2	3	4	5	6	7	8	9	10	11	12	13
1	Kenntnis			+				(+)	(+)	+	+			
2	Verständnis			+				(+)	(+)	(+)				
3	Problemlösung								+	+	(+)	+		(+)
4	Dokumentenqualität			+	(+)			+		(+)			(+)	(+)
5	Zugriff			(+)				+	(+)		(+)		(+)	
6	Mehrsprachigkeit			+	(+)	+		+	(+)		(+)		(+)	
7	Standard			+	(+)				(+)			(+)	(+)	+
8	Wissen	(+)	(+)				(+)	+		(+)		+		
9	Nutzen		(+)		(+)			+	+					(+)
10	Unterstützung		(+)	(+)				+	(+)	+		+	+	(+)
11	KVP	(+)			+			(+)	(+)	(+)			+	
12	Erfolge			(+)						+				
13	Gemeinschaft			(+)						(+)	(+)	+	+	

+ Unterstützung
− Konkurrenz
↖ Konflikt

Leserichtung: ASPEKT UNTEN hat Einfluss auf ASPEKT SEITE

Ein weiterer Analyseaspekt ist die Wirksamkeit einzelner Maßnahmen bezüglich der Zielerreichung. Zum Beispiel wird das Teilziel „Zugriff" nicht durch andere Teilziele beeinflusst, so dass eine Verbesserung nur durch direkte Maßnahmen möglich ist. Das Teilziel „Erfolge" stellt das Gegenteil dar, indem es durch viele andere Ziele beeinflusst wird und damit indirekt erhöht werden kann.

Um die Ziele zu kommunizieren und hinsichtlich der Bedeutung für die MECH AG abzuschätzen, sind diese von den Mitarbeitern des SEA-Projektes und von MS bewertet worden.[215] Als Ergebnis der Bewertung konnte eine Einteilung in die drei Kategorien Muss-Ziel, Kann-Ziel und Wunsch-Ziel erfolgen. Außerdem wurde eine Rangfolge der Ziele ermittelt und in **Abbildung 4-3** dargestellt.

Die Grafik zeigt, dass kein Ziel laut der Bewertung der Mitarbeiter (nur) Wunsch-Ziel sein soll. Im Mittel haben die Ziele 4,2 von 5 möglichen Punkten erhalten. Dementsprechend müssen Maßnahmen zur Systemverbesserung auch alle Zielaspekte abdecken.[216]

---

[213] Horizontal 2. Punkt, vertikal 3. Punkt.
[214] Vgl. [REI96], S. 214.
[215] Insgesamt haben 8 Personen eine Bewertung zu den Zielen abgeben.
[216] Vgl. Kapitel 5.2.

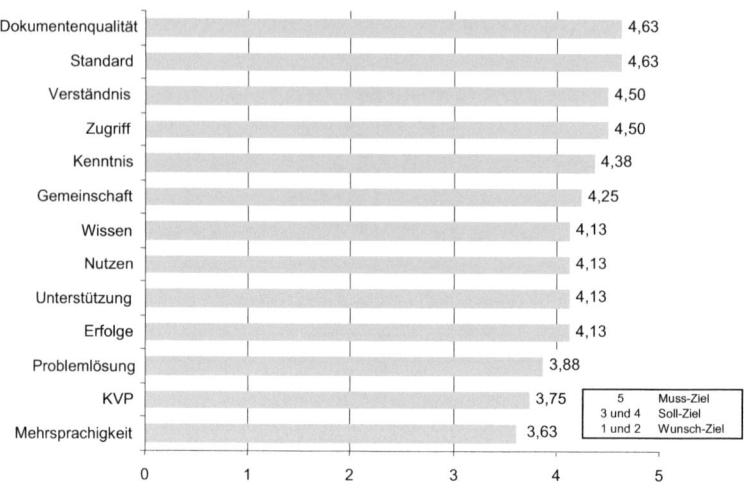

Abbildung 4-3: Zielbedeutung

Eine hohe Dokumentenqualität, dass heißt vollständig, aktuell und lesbar, und ein Standard, dem gegenüber die Mitarbeiter verpflichtet und motiviert sind, sind die beiden wichtigsten Ziele und liegen damit 11% über dem Mittelwert.

Etwas geringeren Zuspruch im Vergleich zum Gesamtergebnis (14% unter dem Mittelwert) haben die Problemlösung, die kontinuierliche Verbesserung und die Mehrsprachigkeit erhalten. Gründe dafür kann es verschiedene geben. So ist zum Beispiel der Begriff der „Problemlösung" abstrakt und daher voraussichtlich nicht von jedem hoch bewertet worden. Die Mehrsprachigkeit ist missverständlich gewesen, da der Begriff „Landessprache" in der Beschreibung suggeriert, dass zum Beispiel in Polen alle Dokumente auf Polnisch vorliegen müssen, was wiederum vom Aufwand her nicht zu rechtfertigen ist. Gemeint ist mit dem Punkt vor allem ein konkretes Bekenntnis dahingehend, dass alle übergreifenden Dokumente in deutscher und englischer Sprache vorliegen müssen.[217]

4.1.4 Organisationsprinzip der Vision

Um aufzuzeigen, wie die Vision einer Beratung im ganzheitlichen Prozessmanagement aufgebaut sein kann, wird in diesem Kapitel eine mögliche Organisation vorgestellt.

Die beschriebene Dienstleistung verknüpft in erster Linie die Kompetenzen und Erfahrungen von SEA und MS. Beide prägen die Prozesse und das MECH Prozessmanagement.

---

[217] Es gibt keine Festlegung der Konzernsprache auf Deutsch oder Englisch.

Um alle Protagonisten aus dem Systembild (aus Kapitel 3.2.1) zu berücksichtigen, sind Projekte im Prozessumfeld, die Unternehmensführung und die Mitarbeiter auch Bestandteil der Organisation.

In **Abbildung 4-4** ist eine Darstellung der alten und der möglichen neuen Organisation im Prozessmanagement dargestellt. Auf der linken Seite ist der Informations-, Dokumenten- und Auftragsfluss im heutigen Prozessmanagement zu sehen.[218] Bisher stellen sowohl Unternehmensführung (in der Abbildung als U-Führung abgekürzt) als auch MS und SEA dem Mitarbeiter Dokumente für seine Prozesswelt zur Verfügung. MS, SEA und die anderen Projekte arbeiten als Dienstleister. Die Aufträge für eine entsprechende Dienstleistung (Prozessanalyse etc.) kommen entweder direkt von der Unternehmensführung, als Teilprojekt von MS oder werden eigenständig in Abstimmung mit der Unternehmensführung vergeben.

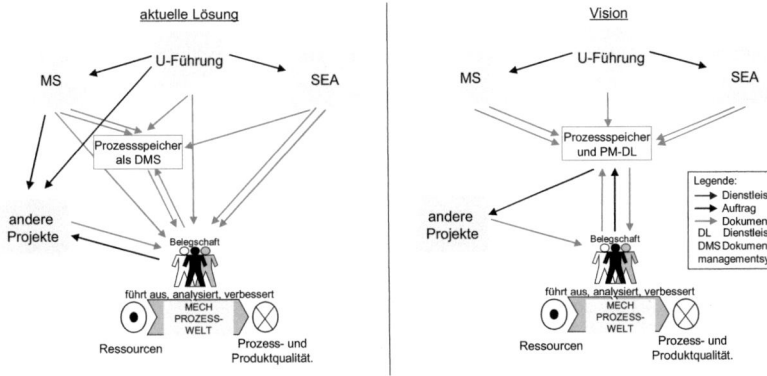

Abbildung 4-4: Mögliche Rollenverteilung im Prozessmanagement [ED][219]

Zukünftig gibt es eine Schnittstelle zum Mitarbeiter. SEA, MS und die Unternehmensführung sind gemeinsam Promotoren dieser Schnittstelle. Weitere Unternehmensprojekte im Prozessmanagement werden bei dieser Schnittstelle angefragt, verwaltet und als Auftrag freigegeben. Für die Niederlassungen gibt es drei Szenarien im Prozessmanagement:

1. Inanspruchnahme einer Dienstleistung,
2. Erstimplementierung SEA, Folgeimplementierung MS oder
3. Erstimplementierung MS, Folgeimplementierung SEA.

Ein Zusammenlegen der Abteilungen MS und SEA zu einer gemeinsamen Abteilung ist für die Szenarien nicht zwingend erforderlich.[220] Während SEA die MECH-Prozesse weiterhin weltweit standardisiert und in Fragen bzgl. dieses Standards berät und unterstützt, baut MS das Prozessmanagement weiterhin kontinuierlich auf und

---

[218] Stand Januar 2004.

[219] Die rechte Seite des Bildes könnte auch die schematische Grundlage für ein neues Systembild sein, welches die Vision unterstützt.

[220] Wenn die Kompetenzen abgestimmt sind und es eine Schnittstelle gibt.

berät in Fragen bezüglich des Managementsystems. Prozessverständnis und Kompetenzen beider Abteilungen sind aufeinander abgestimmt. Wichtig ist, dass es eine gemeinsame Schnittstelle für den Mitarbeiter im Prozessmanagement gibt. Diese beinhaltet bzw. stellt folgende Aspekte bereit:

* Kompetenzübersicht und Dienstleistungsangebot
* Lenkung der MECH Regeln/ Dokumente
* Allgemeine Informationsplattform (zum Beispiel mit den Unternehmenszielen)
* Informationsplattform für Veränderungen (Sichtwort Change Management)
* Informationsplattform für Projekte (im Prozessmanagement)
* Online SAP- und Prozessmanagement-Schulungsangebot
* Dialogmöglichkeiten (Emailkontakt, Black Board[221])

Das beschriebene Konzept sieht zunächst vor, dass das Personal für die Dienstleistung ausschließlich aus Mitarbeitern von MS und SEA besteht. Sie arbeiten als Berater und Moderatoren mit MECH-Erfahrung, System- und Methodenkompetenz.

4.2 Vorteile und Nutzen

Bei einer konsequenten Umsetzung der vorgestellten Vision ergeben sich viele Vorteile und Möglichkeiten, die einen konkreten, langfristig monetär, bewertbaren Nutzen für die MECH AG erzeugen.

* Durch ein gemeinsames Prozessmanagement entsteht **weniger Aufwand** in der Beratung. Es lassen sich so, zum Beispiel doppelte Einführung von Grundlagen vermeiden.
* Die **Prozessorientierung** wird durch einen einheitlichen Auftritt gefördert. Es wird der Prozessgedanke vorgelebt (Vorbildfunktion).
* Wenn die Kompetenzen vernetzt gemeinsam angeboten werden, kommt es durch das höhere Spektrum an Beratungskompetenz und MECH-Erfahrung zu einer **effizienteren Beratung**. Mitarbeiter gelangen schneller an die für ihr Anliegen richtigen Ansprechpartner.
* Es gibt **effektivere Prozessabläufe** (bessere Qualität), da die ganzheitlichen Lösungen Aspekte im Qualitätswesen übergreifend mit SAP-Regeln verbinden und damit eine größere Wirksamkeit erzielen.
* Durch bereichsübergreifende Kommunikation werden **Reibungsverluste reduziert**.
* Eine einheitliche Anlaufstelle aller Prozessfragen ermöglicht eine **schnelle und flexible Reaktion** auf der richtigen Ebene entsprechend der festgelegten und kommunizierten Kompetenzen.

---

[221] Black board (englisch) = schwarzes Brett. Dort können Probleme angepinnt werden. Es wird ausführlicher im nächsten Hauptkapitel im Rahmen der Maßnahmen beschrieben.

Zusätzlich zu dem beschriebenen Nutzen unterstützt ein „lebendes", ganzheitliches Prozessmanagement die strategischen Ziele, die von der Unternehmensführung ausgegeben sind. Vor allem die Vermittlung der Standards und der Prozessorientierung sind wichtige Faktoren für die Erreichung der strategischen Ziele.

5 Umsetzung

5.1 Maßnahmenkatalog

5.1.1 Beschreibung der Maßnahmen

Maßnahmen unterscheiden sich von den Handlungen, die in der Vision ange-deutet wurden, dahingehend, dass sie wesentlich konkreter und damit auch bewertbar sind. Der folgende Maßnahmenkatalog leitet sich aus den aufgedeckten Problemen der Ist-Analyse und der Forderungen der Vision ab. Es wird auf den Beweggrund für die Maßnahme und den Inhalt eingegangen (Warum, Was). Eine Beschreibung der Perso-nen (Wer), Mittel (Womit) und des Zeitrahmens (Wann), muss im Anschluss an die Bewertung der Maßnahmen mit den Beteiligten zusammen erarbeitet werden. Im Rahmen des in dieser Arbeit vorgestellten Konzeptes liegen die Schwerpunkte auf der Kommunikation und Bewertung der Ideen und zunächst nicht auf der konkreten Um-setzung.[222]

Der Maßnahmenkatalog beinhaltet insgesamt 45 Maßnahmen und ist in drei Spalten aufgebaut. Es gibt insgesamt 15 „Problemgruppen" (A bis L) zu denen be-schrieben ist, warum Maßnahmen sinnvoll wären. Die einzelnen Maßnahmen sind in jeder Gruppe separat nummeriert.

Tabelle 5-1: Maßnahmenkatalog

Problem-gruppe	Einleitung, Begründung (Warum, Wozu)	empfohlene Aktionen (Was)
A. SEA-Prozessstandard	Die Prozessdarstellungen für das Reengi-neering Projekt müssen überarbeitet wer-den. Sie sind aufgrund unterschiedlicher Darstellungsformen nicht vergleichbar und oft auch nicht selbsterklärend. Richtig modellierte Prozessdarstellungen helfen, die Komplexität zu verringern und die Vermittlung des Standards voranzutrei-ben. Sie bilden die Grundlage für Nieder-lassungsüber-greifende Prozessverglei-che, Prozessdiskussion und letztlich Pro-zessverbesserung. Auf die Kommunikati-on ist besonderes Augenmerk zu legen, weil auch Niederlassungen durch den Standard betroffen sind, die ihre schon bestehenden Prozesse auf Basis des nicht einheitlich dokumentierten Stan-dards abwickeln.	1.MODELLIERUNGSGRUNDLAGE: Entwicklung einer Verfahrensanweisung auf Basis der vorhandenen Regeln und der in der Theorie beschriebenen Grundlagen unter Einbeziehung insbesondere der be-stehenden Prozessdarstellungen. Entwick-lung einer Vorlage und Bereitstellung des Handbuches und der Vorlage. 2.REDESIGN: Analyse und Auflistung der bestehenden SEA-Prozesse. Redesign der Prozesse als Templateprozesse (PIT) zu-sammen mit den Prozesseignern auf Basis der erstellten Verfahrensanweisung. 3.KOMMUNIKATION: Bereitstellung und Kommunikation der Prozessdarstellungen (PIT). Überprüfung, ob die Prozesse akzep-tiert und angenommen werden.

---

[222] Durch die Vergabe einer Priorität in Form der Aufwand Nutzen Bewertung ist ein zeitliche Reihenfol-ge und die Einschätzung hinsichtlich der Dauer gegeben.

Problem- gruppe	Einleitung, Begründung (Warum, Wozu)	empfohlene Aktionen (Was)
B. SEA-Projekt-Knowhow	Das Wissen im SEA-Projekt ist bis auf einige Schulungsunterlagen nicht für den Mitarbeiter verfügbar. Das Pflichtenheft, worin das Projekt dokumentiert ist, ist zum Teil sehr komplex und auch nicht für jeden zugänglich. Um das Wissen (Know-how) des SEA-Projektes effizient bereitzustellen, ist eine Restrukturierung, Aufbereitung und Kommunikation erforderlich. Abnehmer dieser Lösung wären sowohl Niederlassungen, bei denen das Projekt abgeschlossen ist und neu zu integrierende Niederlassungen (oder neue Mitarbeiter allgemein). Durch bereitgestellte Schulungsunterlagen und Informationen kann das Projekt im Vorfeld des Reengineering die Mitarbeiter sensibilisieren, indem sie sich selber ein Bild von der Veränderung machen können.	1.IST-AUFNAHME: Analyse der SEA-Dokumentation und Auflistung der wichtigsten Dokumente. 2.INFORMATIONSAUFBEREITUNG: Weiterentwicklung der Dokumentation unter Berücksichtigung der Informationsvielfalt und der Information. Konzeption einer effizienten Wissensvermittlung. 3.MEHRSPRACHIGKEIT: Sicherstellung, dass alle wichtigen Dokumente in deutscher und englischer Sprache vorliegen. 4.KOMMUNIKATION: Bereitstellung der Dokumente. Prüfung, welche Inhalte über den Prozessspeicher und welche Inhalte über die Intranetpräsenz verteilt werden (Keine redundante Datenhaltung!).
C. Prozessspeicher	Bisher wird der Prozessspeicher noch zu selten benutzt. Einige Verbesserungen hinsichtlich der Anwenderfreundlichkeit würden die Nutzung erhöhen. Bei der bisherigen Darstellung ist eine Adaption des Qualitätshandbuches stark zu merken. Viele Eigenschaften, die Intranetauftritte in der Regel haben, wie zum Beispiel Datum, Versionsnummer, fehlen. Durch eine Kontaktmöglichkeit kann ein Dialog mit Feedback stattfinden. Für die Förderung eines gemeinsamen MECH-Standards ist es wichtig, nach gemeinsamen und gleichen Regeln zu arbeiten. Die Intranetversion des Handbuches ermöglicht dies aufgrund der fehlenden englischen Übersetzung nur teilweise.[223]	1.KONFORMITÄT: Vereinheitlichung der verschiedenen HTML-Seiten des Prozessspeichers im Intranet. Entwicklung und Aufbau eines einheitlichen Namens für den Prozessspeicher. 2.VERBESSERUNG: Analyse des Prozessspeichers hinsichtlich Verbesserungen in der Nutzung. Entwicklung und Anstoß von weiteren kleineren Verbesserungen wie z.B. Einführung eines Logos, Aufbau eines Glossars, Entwicklung einer Benutzeranleitung, Einrichtung einer Kontaktemailadresse, Versetzung der Links etc. 3.SPRACHREGELUNG: Festlegung der Mehrsprachigkeiten und Kommunikation der damit verbunden Verbindlichkeiten.

---

[223] Von über 800 übergreifend gültigen, deutschsprachigen Dokumenten im Intranet sind weniger als 10% in englischer Sprache verfügbar (Stand Februar 2005).

Problem-gruppe	Einleitung, Begründung (Warum, Wozu)	empfohlene Aktionen (Was)
D. Zusammenarbeit MS und SEA	Prozessmanagement ist interdisziplinär und ein Bindeglied zwischen verschiedenen Abteilungen, indem es in Prozessfragen und –problemen abteilungsübergreifend vermitteln kann. Je besser das funktioniert, umso schneller werden die positiven Effekte des Prozessmanagements erreicht. Um ganzheitlich alle Prozessfragen zu managen, ist eine Zusammenarbeit zwischen MS und SEA erforderlich, damit Kompetenzen gebündelt werden und der Mitarbeiter nicht den Eindruck bekommen kann, dass es mehrere Prozessmanagementsysteme gibt (Ein Zitat von Henry Ford, welches über seiner ersten Fabrik in Detroit hang, passt hier sehr gut: Zusammenkunft ist ein Anfang, Zusammenhalt ist ein Fortschritt, Zusammenarbeit ist der Erfolg.).	1.GRUNDLAGEN: Überarbeitung der Prozessmanagement-Grundlagen. Erweiterung um Informationen. Integration der SEA-Prozesse. 2.STRATEGIE: Aufbau einer gemeinsamen Strategy Map für das MECH Prozessmanagement. 3.KOMPENTENZTRANSPARENZ: Ausarbeitung der Ziele, Kompetenzen und Aufgabengebiete von MS und SEA 4.SCHULUNG: Entwicklung eines gemeinsamen Konzeptes für die Schulung im Prozessmanagement und im Prozesswissen. 5.ERFAHRUNGSAUSTAUSCH: Durchführung gemeinsamer, regelmäßiger Treffen im Prozessmanagement von a) Vorstand und Leitung MS und SEA b) Mitarbeiter MS und SEA c) Mitarbeiter MS und SEA mit Mitarbeitern der Niederlassungen. 6.REGELKREISE: Errichtung verschiedener Regelkreise und Rollen (Aufgaben und Pflichten) im Prozessmanagement.
E. Öffentlichkeitsarbeit	Öffentlichkeitsarbeit und Marketing im Bereich Prozessmanagement hat einen geringen Stellenwert und könnte verbessert werden. Die an den Mitarbeiter zu vermittelnden Botschaft sollte sein, dass durch konsequente Anwendung Prozesse verbessert werden, die eigene Motivation gesteigert und auch Arbeitsplätze gesichert werden. Durch eine offensive Informationspolitik wird ein Bewusstsein für dezentrale Verantwortung und Transparenz geschaffen werden. Dabei sind die Kommunikation von langfristigen Ziele und offene Mitteilungen über den Entwicklungsstand einzelner Maßnahmen oder Projekte (Schwierigkeiten beim Fortschritt inbegriffen) besonders wichtig. Bezüglich des Images besteht auch Handlungsbedarf, da das Image von MS oft ist, dass sie nur Audits durchführen und SEA nur SAP einführt.[224] Beides ist nicht richtig und der Sache nicht dienlich. Durch eine verbesserte Öffentlichkeitsarbeit kann eine höhere Aufgeschlossenheit und bessere Sensibilisierung der MECH-Mitarbeiter bezüglich zukünftiger Veränderungen erfolgen.	1.MITARBEITERZEITUNG: Einführung von regelmäßigen Berichten in der Mitarbeiterzeitung zu den Themen: Aufgabengebiet von MS und SEA, PM allgemein, Nutzen des PM, Stand im PM, Erfolgsgeschichten im PM. 2.INTRANET: Werbung für den Prozessspeicher und das Prozessmanagement (Nutzen und Notwendigkeit) im Intranet. 3.IMAGEPFLEGE: Dokumentation und Kommunikation der Leistungsfähigkeit des Prozessmanagements. Präsentation der Vorteile und des Nutzens. Darstellung der eigenen Abläufe. 4.ANSPRECHPARTNER: Visualisierung der Mitarbeiter (Foto) als Ansprechpartner mit ihren (Methoden-) Kompetenzen, Fachbereichen im Intranet. 5.ROADMAP: Entwicklung einer PM-Roadmap aus SEA- und MS-Sicht. Darstellung der Ziele, aktuellen Projekte und Meilensteine im Prozessmanagement. 6.EMAIL: Aufbau eines Informationsdienstes durch z.B. quartalsweise Veröffentlichungen der per Email an bestimmte Adressatenkreise verschickt werden (z.B. Email für alle Geschäftsführer, alle Mitarbeiter).

---

[224] Vgl. 3.2.3 Ermittlung des Kernproblems nach Goldratt.

Problem-gruppe	Einleitung, Begründung (Warum, Wozu)	empfohlene Aktionen (Was)
F. Mitarbeiter-Commitment	Die Bereitschaft oder Motivation der Mitarbeiter prozessorientiert zu handeln, ist genauso zu fördern, wie das Wissen der Mitarbeiter. Informationen zum Nutzen und Kommunikation der Verbindlichkeit sind zwei Möglichkeiten Motivation zu erzeugen. Die Unternehmensziele im Zusammenspiel mit den Mitarbeiterzielen in einem geeigneten Anreizsystem ist eine weitere Möglichkeit, Motivation zu fördern.[225] Um den Mitarbeiter als Mitstreiter zu gewinnen, ist es wichtig zu vermitteln, dass alle am selben Strang ziehen. Dafür ist neben einem guten Prozessmanagement auch ein Change Management erforderlich, indem eine positive Umgebung für Veränderungen geschaffen wird.[226] Die Darstellung der Kontinuität des Wandels als etwas Positives ist gleichermaßen komplex wie auch Erfolg versprechend.[227] Instrumente für Reflexion, Dialog und Kommunikation sensibilisieren und motivieren den Mitarbeiter zusätzlich.	1.ANREIZSYSTEM: Analyse der bestehenden Anreize und Entwicklung eines verbesserten Anreizsystems mit Förderung extrinsischer (von außen) und intrinsischer (von sich selbst) Anreize. 2.VERÄNDERUNGSMANAGEMENT: Entwicklung eines Change Managements und Integration des bestehenden SEA Change Managements. 3.VORSCHLAGSWESEN: Wiederbelebung des betrieblichen Vorschlagswesens durch Werbung für das Vorschlagwesen an sich und Präsentation von umgesetzten Maßnahmen. Gezielte Erweiterung des Vorschlagwesens um Managementvorschläge. 4.VERBINDLICHKEIT: Präsentation und Kommunikation der Verbindlichkeit im Intranet und über die Mitarbeiterzeitung.
G. Prozesskomplexität	Ein wesentlicher Einflussfaktor im Prozessmanagement ist die Dokumentation. Hierbei ist vor allem auf eine visuelle Unterstützung der Prozessorientierung zu achten. Eine komplexe und zum Teil undurchsichtige Prozesswelt abstrahiert darzustellen und damit vermittelbar zu machen. Visualisierung sollte als Schlüssel für Lern- und Kooperationsprozessen gesehen werden.[228] Zeichnungen von Fachleuten für Fachleute ist der falsche Ansatz. Da die Grafiken grundlegender Natur sind, muss auch eine mitarbeiterverständliche Darstellung gewählt werden.	1.PROZESSLANDKARTE: Aufbau einer Unternehmensprozesslandkarte und Verknüpfung dieser mit den Teilprozesslandkarten. 2.PROZESSSTRUKTUR: Aufbau der weiteren Ebenen hinter der Prozesslandkarte. Abbildung von weiteren Prozesswirkungen und Prozesswirkzusammenhänge über die Gesamtprozesslandkarte hinaus. 3.HILFSSTELLUNG: Entwicklung von Hilfen zur Beschreibung der Komplexität z.B. in Form von Anleitungen/ Präsentationen für verschiedene Adressatenkreise.

---

[225] Vgl. [ADA98]. S. 82ff.

[226] Es gibt bei der MECH AG schon für verschiedene Bereiche Prozesslandkarten.

[227] Der Mitarbeiter kann Erfolgsfaktor und auch Hemmschuh sein.

[228] Vgl. [MAN00], S. 3.

Problem-gruppe	Einleitung, Begründung (Warum, Wozu)	empfohlene Aktionen (Was)
H. Dokumentenlenkung/ Regeln	Die bisherigen Regeln bzw. Dokumente, die einen Standard vermitteln sollen, sind in ihrer Beschreibungsform, Aktualität und Vielzahl grundverschieden. Regeln auf einem unterschiedlichen Abstraktionsniveau und in einer hohen Qualität, die gelebt werden, erleichtern das Zusammenarbeiten und fördern den Zusammenhalt (Jeder Mitarbeiter weiß, dass sein Kollege die Regel XY auch kennt und anwendet.).	1.REGELVERSTÄNDIS: Überprüfung der vorhandenen Regeln/ Dokumente hinsichtlich Verständlichkeit, Sinn und für den Mitarbeiter logischer Zugang. 2.HARMONISIERUNG: Analyse der bestehenden Dokumente hinsichtlich Anzahl und Aktualität. Entwicklung eines Handlungsplans zur sinnvollen Harmonisierung der verbindlichen Regeln/ Dokumente über alle Bereiche.
I. Regel- und Informationsvernetzung	Die Dokumentenlenkung kann durch erklärende Informationen erweitert werden. Das würde bedeuten, dass z.B. zu einem übergreifend, gültigen Prozess auch Schulungsunterlagen und eine einführende Präsentation vorliegen. Schulungen sind eine Möglichkeit, dem Mitarbeiter das Wissen zu vermitteln, jedoch gibt es schon durch das Intranet und speziell dem Prozessspeicher die Grundlage, um zeitunabhängig dem Mitarbeiter das für ihn nötige Wissen im Prozessmanagement bereitzustellen. Wichtig ist im Gegensatz zur Öffentlichkeitsarbeit (Problemgruppe E) ein Werkzeug zu entwickeln, dass nicht über eine Push-Funktion Informationen vermittelt, sondern mit dem Pullprinzip die Informationsnachfrage befriedigt.[229]	1.INFORMATIONSKONZEPT: Entwicklung eines Konzeptes für die Informationsarchivierung, -bereitstellung und -vermittlung im Prozessmanagement (Frage: Erweiterung des Prozessspeichers oder Aufbau einer Intranetpräsenz MS und SEA).[230] 2.INFORMATIONSPLATTFORM: Aufbau einer Informationsplattform indem weitere Dokumententypen bereitgestellt werden, wie z.B. Informationsmaterial über MS und dem SEA-Projekt, Zeitungsberichte aus der Mitarbeiterzeitung oder Schulungsunterlagen von MS und SEA.
J. Prozessberatung	Bei der MECH AG werden 3000 Mitarbeiter offiziell nur von 4 Personen in Prozessmanagement beraten.[231] Die hier vorgestellten Maßnahmen sollen die Beratung als Dienstleistung mehr in den Mittelpunkt rücken. "Know-how on demand" sollte das Schlagwort sein (In Anlehnung an Microsofts erfolgreiche Kampagne "Business on demand"). Prozessberatung darf nicht nur aus der Qualitätsbrille oder dem SAP-Blickwinkel gesehen werden, sondern muss übergreifend agieren und alle Disziplinen abdecken. Im Gegensatz zum Dokumentenmanagement, was Dokumente bereitstellt, die sich der Mitarbeiter im Pull-Prinzip besorgt, arbeitet die Beratung eigenständig und erzeugt unter anderem auch Nachfrage. Das ist möglich, wenn durch eine geeignete Sensorik, gekoppelt mit Prozesswissen, in einem frühen Stadium Probleme erkannt und Lösungen angeboten werden.	1.PERSONAL: Aufbau einer organisations-unabhängigen Prozessmanagement-Gruppe, die flexibel zusammengestellt Prozessmanagementprobleme löst. 2.BERATUNGSLEISTUNG: Auflistung bisheriger Beratungsleistungen. Entwicklung eines gemeinsamen Beratungsangebotes mit größtmöglichem Nutzen für den Mitarbeiter. 3.SENSORIK: Aufbau eines Meßsystems zur Verbesserung der eigene Sensorik hinsichtlich Stillstand und „Bereichsegoismus". 4.BENCHMARKING: Durchführung von Vergleichen zwischen der PM-Beratung und externen PM-Beratungsleistungen. Ermittlung der Leistungslücke. Kommunikation der Stärken und Ziele.

---

[229] Vgl. Abbildung 2-9.

[230] Vgl. [IFA04], S. 171. Schichtenmodell der Wissensnutzung: Datenspeicherung, Datenerfassung und
    –verarbeitung und Kommunikation.

[231] Laut Organigramm MS (Stand Juni 2005).

Problem-gruppe	Einleitung, Begründung (Warum, Wozu)	empfohlene Aktionen (Was)
K. Lösungskompetenz	Um den Mitarbeiter effizient und effektiv bei seinem Problem zu helfen, müssen entsprechende Werkzeuge dafür bereitgestellt werden. Mit gezielten Fragekatalogen oder einem Blackboard können Probleme oder Fragen zum Prozessmanagement (allgemein, Organisation, Methoden etc.) gelöst werden. Außerdem wird der Dialog mit dem Mitarbeiter gesucht und das Prozessverständnis gefördert.	1.BLACKBOARD: Installation eines Schwarzen Brettes im Intranet bei dem Fragen und Probleme angepinnt werden, die abgearbeitet und vom Mitarbeiter hinsichtlich Qualität der Abarbeitung bewertet werden. Entwicklung einer Lösungsdatenbank aus der Rangfolge der qualitativ bewerteten Antworten heraus. 2.PROBLEMLÖSUNG: Entwicklung von Problemlöseprozessen bei Wissensbedarf, z.B. durch gezielte Fragekataloge zur Problemermittlung[232] und -lösung oder durch ein umfangreiches Online-Schulungsangebot.
L. Prozessleistungsvermögen	Damit Vergleiche intern und auch extern möglich sind, ist es wichtig, eine gewisse Leistungstransparenz zu haben. Die Transparenz kann auf unterschiedlichen Ebenen (Managementebene, Prozessebene) und in den verschiedensten Bereichen (lokal, global) hergestellt werden. Durch Vergleiche könnten (Prozess- oder Produkt-) Innovationen frühzeitig erkannt und mit genutzt werden. Wenn zum Beispiel ein Prozess oder ein Produkt besonders gut ist, sollte das entsprechend kommuniziert, adaptiert und ggf. honoriert werden.	1.BENCHMARKING: Durchführung oder Unterstützung von globalen und lokalen Prozessvergleichen innerhalb der MECH AG oder auch am Wettbewerb. 2.PROZESSBESTLEISTUNG: Aufbau und Pflege einer Best Practice Datenbank für interne Prozesse. 3.PROZESSREIFE: Entwicklung und Einführung von Prozessklassen und Prozessreifegrade für einzelne Prozesse, die den Prozesslebenszyklus mitberücksichtigen. 4.MANAGEMENTREIFE: Entwicklung und Vergabe eines Reifegrades im Prozessmanagement für die Niederlassungen.[233] 5.MANAGEMENTAUSZEICHNUNG: Aufbau eines internen Qualitätsawards für Lösungen/ Innovationen im Prozessmanagement. 6.KENNZAHLENKATALOG: Aufbau eines internationalen Standardkennzahlenkatalogs und Kommunikation dieser Standardkennzahlen. Etablierung von Vergleichen auf Basis von standardisierten Kennzahlen.

Zusammenfassend beschreiben die 45 Maßnahmen mögliche Aktionen, die die Probleme und Schwachstellen aus der Situationsanalyse (Kapitel 3.2) lösen bzw. überwinden sollen. Für eine konkrete Umsetzung ist es wichtig, ein hohes Maß an Kommunikation und Selbstdisziplin aufzubringen, da bis auf die ersten drei Problemgruppen (A-C) alle anderen interdisziplinär zu lösen sind. Um einen ersten Schritt in Richtung der Umsetzung zu setzen, werden im folgenden Kapitel die Maßnahmen von den im Prozessmanagement beteiligten Personen bewertet.

---

[232] Zum Beispiel eine FAQ-Datenbank (FAQ = frequently asked questions).
[233] Auf der Informationsveranstaltung von MS für Führungskräfte am 11.11.2004 wurden fünf Reifegrade vorgestellt und berichtet, dass sich die Gruppe jeweils auf unterschiedlichen Stufen befindet. (Die fünf Reifegrade: 1. Aufbau des Systems/ Grundlagen, 2. Implementierung/ Prozesse definiert, 3. Aktives Prozessmanagement, 4. KVP Prozesse, 5. Nachweisbare Erfolge).

5.1.2 Vorgehen zur Bewertung der Handlungsmaßnahmen

Ziel der Bewertung ist, die Kommunikation der Maßnahmen und die Entwicklung eines sinnvollen Maßnahmenpaketes, welches auch die Chance hat, umgesetzt zu werden. Es ist wichtig, Maßnahmen herauszufinden, die für die MECH AG den größten Nutzen haben und im Verhältnis dazu einen geringen Aufwand verursachen. Dafür wird eine Aufwands-Nutzen-Bewertung durchgeführt. In einer **Skala** von eins bis fünf werden der zu erwartende Aufwand und der zu erwartende Nutzen pro Maßnahme bewertet. Fünf ist bei dieser Bewertung ein hoher Nutzen beziehungsweise Aufwand. Beide Kriterien werden qualitativ bewertet.[234]

Um die „besten" Maßnahmen herauszufiltern, können verschiedene Kennzahlen berechnet werden:

Der **Mittelwert** ist ein Durchschnittswert über die Aufwand- und Nutzen-Bewertung der sieben Teilnehmer. Es kann ein Mittelwert für jede Maßnahme, aber auch für jede Problemgruppe berechnet werden. Außerdem gibt es einen Gesamtaufwand und -Nutzen.

Um das Verhältnis Aufwand zu Nutzen beschreiben zu können, gibt es die Möglichkeit, einen **Nutzen/Aufwand-Quotient** und eine **Nutzen-Aufwand-Differenz** zu errechnen. Der Quotient und die Differenz sind ein Maß für die Effektivität der Maßnahme. Bei dem Quotienten (Wertebereich: 1 bis 5) wird berechnet, um wie viel höher oder niedriger der Nutzen gegenüber dem Aufwand ist. Ein Wert über 1,0 ist demnach als positiv zu bewerten, da ab dieser Zahl der Nutzen den Aufwand überwiegt. Bei der Differenz sind alle Werte > 0 positiv (+4 bis -4). Beide Werte liefern ähnliche, aber nicht gleiche Ergebnisse.[235]

Als Paradigma gilt, dass es generell keine Veränderung ohne Widerstand gibt.[236] Um Vorbehalten entgegenzuwirken, werden die Maßnahmen von den Betroffenen selber bewertet. In diesem Fall sind das in erster Linie die Mitarbeiter von MS und SEA, die die Maßnahmen umsetzen könnten und deshalb befragt werden.[237] Durch die Bewertung wird der Maßnahmenkatalog nicht nur einem größeren Teilnehmerkreis bekannt, sondern die beteiligten Mitarbeiter werden außerdem für die Problemstellung sensibilisiert.

---

[234] Eine qualitative Aufwandsbewertung würde zum Beispiel folgende Komponenten abfragen: Investitionen, Zeitaufwand oder qualitative Kosten (Methodenentwicklung, Übersetzung).

[235] In einer Rangfolge der besten Quotienten und Differenz-Werte im Rahmen dieser Bewertung gibt es nur geringe Platzierungsunterschiede zwischen den Maßnahmen.

[236] [DOP94], S. 212.

[237] Jeweils drei Mitarbeiter MS und SEA und die eigene Bewertung als „objektiver" Beobachter des Prozessmanagements.

5.1.3 Bewertung und Selektion der Maßnahmen

Eine Übersicht über die Ergebnisse der Bewertung der 45 Maßnahmen ist in **Tabelle 5-2** dargestellt. Im Mittel konnten 1,9 Maßnahmen von den acht Mitarbeitern nicht bewertet werden.[238]

Tabelle 5-2: Ergebnisübersicht der Bewertung

Kennzahl	Ergebnis
Mittelwert Aufwand	3,14
Mittelwert Nutzen	3,48
Nutzen/Aufwand-Quotient	1,11
Nutzen-Aufwand-Differenz	+0,34
Anzahl der Maßnahmen, wo der... ist.	
Nutzen > Aufwand	28
Nutzen < Aufwand	17
Nutzen = Aufwand	0

Das erste Fazit durch die Analyse der Gesamtwerte zeigt, dass alle Maßnahmen als Ganzes betrachtet positiv bewertet worden sind. Der Nutzen liegt (knapp) über dem Aufwand. Beide Werte sind aber auch entsprechend hoch bewertet, so dass sich daraus schließen lässt, dass die Maßnahmen insgesamt aufwendig, aber auch viel versprechend sind.

In Abbildung 5-1 wird diese Tendenz bestätigt, indem alle Maßnahmen schematisch dargestellt sind.[239] Die Abbildung zeigt in Form von blauen Symbolen, die Verteilung der 45 Maßnahmen in einer Aufwand- (vertikal) Nutzen- (horizontal) Matrix.[240] Der Nutzenwert schwankt zwischen 4,43 und 2,71. Beim Aufwand ist die Ergebnisspanne etwas größer. Sie liegt zwischen 1,86 (ein sehr niedriger Aufwand) und 4,38.

---

[238] Keine Maßnahme ist bei der Nichtbewertung besonders häufig aufgetreten. Es gab maximal zwei Nichtbewertungen pro Maßnahmen. Alle Maßnahme sind somit in der Analyse berücksichtigt worden.

[239] Die einzelnen Werte sind im Anhang in der Tabelle 0-3 nachzulesen.

[240] Lediglich die SEA-Prozess-Standardisierung ist anders gekennzeichnet, weil diese im folgenden Kapitel umgesetzt wird.

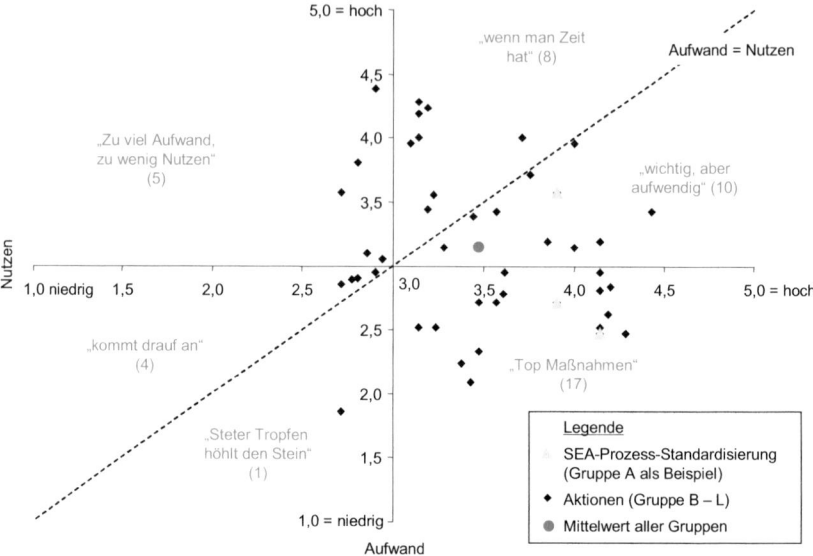

Abbildung 5-1: Aufwand-Nutzen-Tendenz der Maßnahmen [ED]

Die Abbildung ist in insgesamt sechs Bereiche unterteilt. Die Diagonale im Achsenkreuz stellt den Wert dar, bei dem Aufwand und Nutzen identisch (Differenz=0 und Quotient=1) sind. Folglich haben alle Bereiche (Maßnahmen) unterhalb der Diagonalen ein positives Aufwand Nutzen-Verhältnis und sind gegenüber den anderen Bereichen (Maßnahmen) vorzuziehen. Die Maßnahmen, die sich im Bereich des geringen Aufwands und des hohen Nutzens befinden, sind als „Top Maßnahmen" bezeichnet. Insgesamt sind 28 Maßnahmen besser im Nutzen bewertet als im Aufwand.

Um die Maßnahmen herauszufiltern ist, die den verhältnismäßig höchsten Nutzen darstellen, wird der Quotient berechnet. In **Tabelle 5-3** sind die 15 besten Maßnahmen aufgelistet. Die Gruppe B („SEA-Prozess-Knowhow") belegt zwei der ersten drei Plätze und ist als einzige Gruppe vollständig in der Tabelle vertreten. Auffällig ist, dass insgesamt nur Maßnahmen aus den Bereichen A bis F in der Rangfolge der besten 15 vorkommen.

Tabelle 5-3: Die 15 besten Aktionen in der Nutzen-Aufwand-Relation

Rang	Bereich	Kurzbezeichnung	Mittelwert Aufwand	Mittelwert Nutzen	Nutzen/ Aufwand
1	B 4	Kommunikation (Wissen)	2,48	4,29	1,73
2	A 1	Modellierungsgrundlage	2,48	4,14	1,67
3	B 3	Mehrsprachigkeit	2,52	4,14	1,64
4	D 5	Erfahrungsaustausch	2,10	3,43	1,64
5	D 1	Grundlagen	2,62	4,19	1,60
6	E 5	Roadmap	2,24	3,38	1,51
7	E 2	Intranet	2,33	3,48	1,49
8	F 2	Veränderungsmanagement	2,83	4,20	1,48
9	C 2	Verbesserung	2,81	4,14	1,47
10	E 4	Ansprechpartner	1,86	2,71	1,46
11	A 3	Kommunikation (Prozesse)	2,71	3,90	1,44
12	C 3	Sprachregelung	2,95	4,14	1,40
13	F 3	Vorschlagwesen	2,71	3,57	1,32
14	B 1	Ist-Aufnahme	2,78	3,61	1,30
15	D 2	Strategie	3,19	4,14	1,30

In der dargestellten Nutzen-Aufwand-Relation werden die Problemgruppen getrennt betrachtet. Ein daraus resultierendes Problem ist, dass zum Beispiel im Bereich A die Maßnahmen 1 (Modellierungsgrundlage, Platz 2) und 3 (Kommunikation, Platz 11) zu den Top-Werten gehören. Das Redesign (A2, Platz 23), welches aus A1 resultiert und die Maßnahme A3 erst ermöglicht, wird nicht berücksichtigt. Auch bei B4 (Kommunikation der Dokumente) müssen Dokumente erst analysiert bzw. erstellt werden (B1 bzw. B2, Platz 14 und 27), bevor der Mitarbeiter damit arbeiten kann. Die Bereiche A und B sind jedoch die einzigen Bereiche, bei denen eine solche Abhängigkeit existiert.

Um diese Zusammenhänge in den Gruppen zu umgehen, sind in **Abbildung 5-2** die Problemgruppen dargestellt. Für die Darstellung wurde der Aufwand vom Nutzen abgezogen, um zu zeigen, welche Gruppen nicht besonders effizient sind.

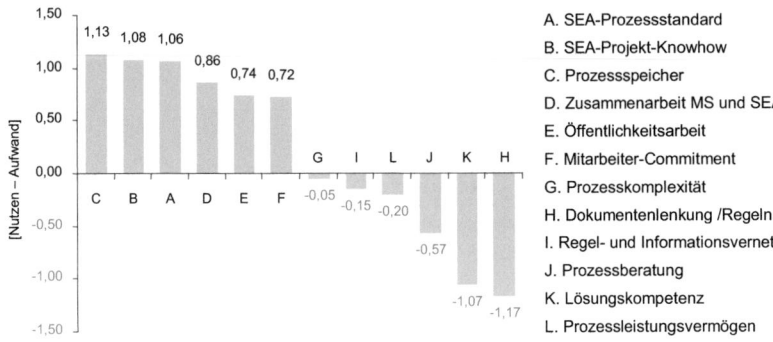

A. SEA-Prozessstandard
B. SEA-Projekt-Knowhow
C. Prozessspeicher
D. Zusammenarbeit MS und SEA
E. Öffentlichkeitsarbeit
F. Mitarbeiter-Commitment
G. Prozesskomplexität
H. Dokumentenlenkung /Regeln
I. Regel- und Informationsvernetzung
J. Prozessberatung
K. Lösungskompetenz
L. Prozessleistungsvermögen

Abbildung 5-2: Bewertung nach Problemgruppen

Zu der Abbildung 5-2 gibt es einzelne Ausnahmen, die durch das Gesamtergebnis der Problemgruppe nicht repräsentiert sind:

- Der Kennzahlenkatalog (L6) liegt bei 1,0 (Nutzen-Aufwand), die Gruppe nur bei -0,2.
- Die Maßnahme Email (E6) bekam den Wert -0,1, die Gruppe den Wert 0,74.
- Regelkreise (D6) senken mit -0,1 den Schnitt in der Gruppe, der bei 0,86 liegt.

Das Fazit der Bewertung ist, dass die Methoden A-F die effizientesten und effektivsten Maßnahmen für eine Verbesserung des Prozessmanagement sind. Auch im Bereich der Einzelbewertung sind in den ersten fünfzehn Maßnahmen (**Tabelle 5-3**) nur Maßnahmen von A bis F.

5.2 Umsetzung der Vision

Die Vorstellung und Bewertung des Maßnahmenkataloges wird abgeschlossen, indem ein Bezug zu den Kapiteln der Situationsanalyse und der Vision hergestellt wird. Es werden die Möglichkeiten dargestellt, die durch die Umsetzung der Maßnahmen bestehen und wie diese im Zusammenhang zu den bisherigen Recherchen stehen. Außerdem soll gezeigt werden, welche Auswirkungen nicht umgesetzte Maßnahmen auf das Gesamtziel („ein ganzheitliches Prozessmanagement") oder das System haben.

In **Tabelle 5-4** sind die Ziele von der Zielbaumdarstellung aus dem Kapitel 4.1.3.1, zusammen mit den Maßnahmen aufgelistet. Die Tabelle zeigt, wie einzelne Ziele durch die entsprechenden Maßnahmen erreicht werden können. Zum Beispiel wird das Teilziel „Kenntnis" durch die Maßnahme A3 („Kommunikation (Prozesse)" erhöht, indem mehr Mitarbeiter von dem neu gestalteten Prozessstandard wissen.

Tabelle 5-4: Ziele und Maßnahmen [ED]

Hauptziel	Teilziele	Aktion											
Dokumente und Informationen anwenderorientiert bereitstellen													
	Kenntnis	A3	B2	B4	H1	H2							
	Verständnis	A1	B2	B4	G1	G2	H1	I1	I2				
	Problemlösung	B2	I1	I2	J2								
	Dokumentenqualität	A2	C1	D1	H2	I1	I2						
Hohe Verbreitung des PM in der MECH AG erreichen													
	Zugriff	A3	B4	(C2)									
	Mehrsprachigkeit	A2	B3	(C1)	C3								
	Standard	A3	F1	F2	F4	L6							
Nutzung des PM in den Gesellschaften fördern													
	Wissen	B4	C2	E1	E2	E3	E4	E5	E6				
	Nutzen	E5	F1	F2	F4	(K1)	(K2)						
	Unterstützung	C2	D3	D4	J1	K1	K2						
Stetige Verbesserung im PM etablieren													
	KVP	B1	C2	D2	J3	(K1)	(K2)						
	Erfolge	(A3)	L1	L2	L3								
	Gemeinschaft	D4	D5	D6	F2	F3	G1	J4	L1	L2	L3	L4	L5

In der Tabelle sind alle Maßnahmen vertreten. Die Häufigkeit des Auftretens der Maßnahmen und die Maßnahmenanzahl pro Teilziel sind unterschiedlich. Grundsätzlich kann festgestellt werden, dass die Ziele und Maßnahmen in Zusammenhang miteinander stehen.

Wenn die Bewertungen aus den Kapiteln 4.1.3.2 (Zielbewertung) und 5.1.3 (Maßnahmenbewertung) berücksichtigt werden, fällt eine Besonderheit auf: die Maßnahmen A bis F (in schwarzer Schrift) decken alle Bereiche der Ziele mehr oder weniger ab. Die Maßnahmen G bis L (in grauer Schrift) erscheinen auf den ersten Blick nicht notwendig.

Ein Zusammenhang zwischen Bewertung der Ziele und Bewertung der Maßnahmen wird an dem Beispiel der Gruppe Problemlösung deutlich. Bei den Zielen erreicht diese Gruppe den drittletzten Platz[241] und bei den Maßnahmen liegt die Gruppe I (Lösungskompetenz), die vornehmlich Maßnahmen zur Problemlösung stellt, auf dem vorletzten Platz. Der Aufwand ist deutlich über den zu erwartenden Nutzen (Nutzen – Aufwand = - 1,77) bewertet.

Spielraum besteht eventuell dann, wenn argumentiert wird, dass manche Ziele laut Bewertung nicht Muss-Ziele im MECH Prozessmanagement sind. In diesem Fall kann geprüft werden, ob trotz eines „Weglassens" einer Maßnahme oder eines Maßnahmenpaketes das Gesamtziel oder alle Muss-Ziele erreicht werden.

In Kapitel 3.2.3 wurde mit Hilfe von Problemthesen das Kernproblem bzw. die Current Reality Tree erarbeitet. Die Frage aus der vorangestellten Ziel-Maßnahmenbetrachtung ist, ob Maßnahmen der Gruppen A bis F als alleiniges Mittel für die beschriebenen Probleme im Prozessmanagement ausreichen.

Eine Modifikation des zuvor vorgestellten Logik-Baumes kann den Zusammenhang zwischen den Maßnahmen und der zu erwartenden Zukunft herstellen. Die Future Reality Tree (FRT)[242] ist ein weiterer Logik-Baum in dem Managementwerkzeug von Goldratt (Theory of Constraints). Bei diesem Baum werden die unerwünschten Effekte (UDEs) in erwünschte Effekte (DE für desired effect) umgeschrieben. Damit wird aufgezeigt, welche Entwicklung möglich ist, wenn die unerwünschten Effekte „besiegt" werden.

Als Erweiterung zur „normalen" Darstellung der Future Reality Tree sind in **Abbildung 5-3** auch die Maßnahmen angezeichnet.[243] In Form der Buchstaben A bis L (entsprechend der Hauptgruppen) wird aufgezeigt, welche erwünschten Effekten durch welche Maßnahme erreicht werden. Zum Teil gibt es mehrere Maßnahmen, die für einen Umwandlung einer Problemthese in einen gewünschten Effekt verantwortlich sind.

---

[241] Mit 3,88 bei einem Mittelwert von 4,2.

[242] „Zukunftsbaum".

[243] Die Zuordnung erfolgt in der Regel erst in der Transition Tree. Da sowohl die Current Reality Tree als auch die Future Reality Tree Eigendarstellungen sind und nicht im Team erstellt wurden, wird auf einen weiteren Baum in diesem Zusammenhang verzichtet.

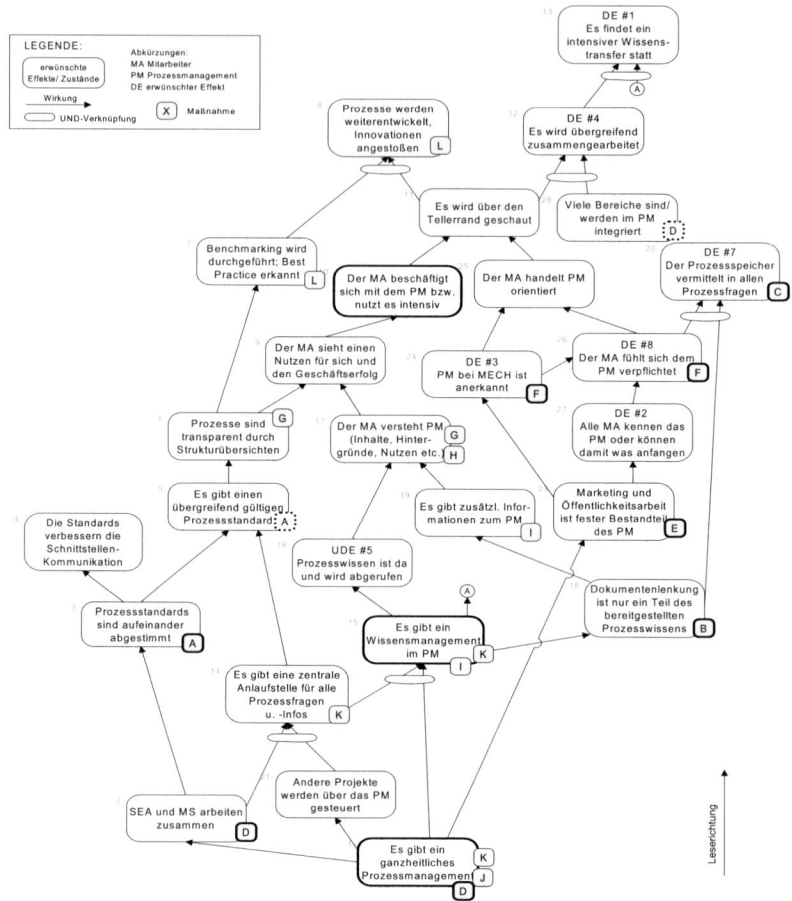

Abbildung 5-3: Future Reality Tree mit Maßnahmenpaketen [ED]

Die Abbildung zeigt, wie die Umsetzung einzelner Maßnahmenpakete einen Mehrwert für die MECH Prozesswelt schafft. Vom Startpunkt eines ganzheitlichen Prozessmanagement wird ein möglicher Weg aufgezeigt, wie kontinuierlich etwas im Unternehmen entstehen kann, was letztendlich Prozessinnovationen, Wissenstransfer und prozessorientiertes Handeln etabliert.

Der Fokus liegt nach wie vor auf dem Kernproblem und dieses sollte der Ausgangspunkt aller Bemühungen sein. Wenn das ganzheitliche Prozessmanagement nicht und nur teilweise erreicht wird, wirkt sich das auf alle folgenden erwünschten Effekte aus.

Alle Maßnahmen spielen eine Rolle, um eine wirkliche Verbesserung zu erreichen. Ein Aufbau eines Wissensmanagements (Nr. 15 in der FRT), zum Beispiel, ist eine wichtige Grundlage dafür, dass sich die Mitarbeiter mit Prozessmanagement beschäftigen (Nr. 10). Eine Fokussierung auf die Gruppen A bis F würde zur Folge haben, dass viele wichtige Punkte und mögliche Erfolge durch Prozessmanagement nicht erreicht werden.

Der folgende Handlungsplan (siehe **Abbildung 5-4**) ist ein Kompromiss aus der Bewertung und den zuvor dargestellten Forderungen der ganzheitlichen Lösung.

Mit den Maßnahmen aus den Bereichen A bis F, zusammen mit jeweils zwei Maßnamen aus den Bereichen L und G, wird eine Veränderung des Prozessmanagements begonnen. Diese Vorgehensweise basiert auf der konkreten Aufwands-Nutzen-Einschätzung. Mit der Zeit werden alle positiv bewerteten Maßnahmen für eine Verbesserung des Prozessmanagements umgesetzt. Der Handlungsplan sieht außerdem vor, dass MS und SEA zunächst separat arbeiten und parallel über den Punkt der „Zusammenarbeit" (D) die weiteren Schritte vorbereiten und anstoßen.

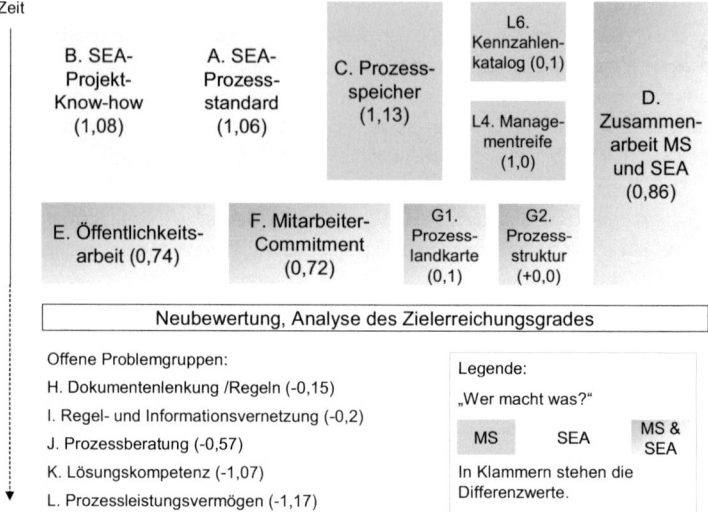

Abbildung 5-4: Handlungsplan [ED]

Wenn zunächst ausschließlich die ausgewählten Problemgruppen und Maßnahmen berücksichtigt werden, liegt der zu erwartende, mittlere Aufwand bei 2,87 (alter Mittelwert aller Maßnahmen: 3,14) und der Nutzen bei 3,7 (3,48).

Durch eine konsequente Umsetzung des Handlungsplanes sollte sich die Qualität der Prozessorientierung verbessern und das Prozessmanagementsystem als Ganzes verändern. Durch die Zusammenarbeit und die gemeinsame Lösung von Problemstellungen im Prozessmanagement wächst auch das Systemverständnis der beteiligten Mitarbeiter.

Eine Analyse und Neubewertung im Anschluss an die Umsetzung der positiv bewerteten Maßnahmen, gibt Aufschluss über das weitere Vorgehen. In die Bewertung fließen zuvor negativ bewertete Maßnahmen und neu erkannte Handlungsfelder mit ein.

6 Umsetzungsbeispiel „Prozessstandardisierung"

6.1 Ausgangslage und Vorgehensweise

Die Darstellungen und Beschreibungen der SEA-Prozesse definieren den zukünftigen und auch schon bestehenden Standard, der durch das Projekt eingeführt wird. Eine hohe Dokumentenqualität ist die Grundlage dafür, dass der Standard verstanden und „gelebt" wird. Seit Beginn des Projektes vor fünf Jahren wurden die Prozessdarstellungen keinem wesentlichen Redesign mehr unterzogen.

Wie zuvor schon im Maßnahmenkatalog beschrieben (siehe Kapitel 5.1.1), ist ein Redesign mit verbundener Standardisierung Prozessdarstellungen wichtig. Auch bei der Aufwand-Nutzen Einschätzung wurde es entsprechend eingestuft: Der geschätzte Gesamtaufwand der Gruppe liegt bei 2,92 und der Nutzen bei 3,98. Damit ist Standardisierung in der Gesamtrangfolge unter den wichtigsten drei.[244]

Für die Prozessmodellierung (dem Redesign) bei dieser Standardisierung sind drei Schritte erforderlich:

Als erstes werden die **Modellierungsgrundlagen** (Maßnahme A1) geschaffen. Dieser Schritt umfasst eine Prozessanalyse der bestehenden Prozesse, eine Prozessdefinition der zu modellierenden Prozesse, eine Festlegung der wichtigsten Regeln und ein Konzept zur Einbettung der Prozesse in die schon existierenden MECH Prozesse.

Der zweite und aufwendigste Schritt ist das **Redesign der Prozesse** (A2). Die in der Prozessdefinition zuvor festgelegten Prozesse werden entsprechend der Vorlage und des Handbuches in Zusammenarbeit mit den Prozessverantwortlichen entwickelt. Anschließend werden die Prozesse überprüft, ob sie den Anforderungen entsprechen und angewendet werden können.

Mit der **Kommunikation** (A3) werden letztlich zum einen die neu modellierten Prozesse den Mitarbeitern zur Verfügung gestellt und zum anderen der Inhalt und die Bedeutung der Prozesse vermittelt.

Die Erwartungen an die Maßnahmen zur Standardisierung sind, dass durch eine verbesserte Darstellung und Dokumentation die Projektverantwortlichen und betroffenen Mitarbeiter besser unterstützt werden. Die neu modellierten Prozesse sollen eine Ausgangsbasis für Prozesseinführung, Prozessdiskussion und letztendlich Prozessoptimierungen schaffen. Als Randbedingungen gelten, dass alle Mitarbeiter Zugriff auf die neuen Prozessdarstellungen haben müssen und die Dokumentation verständlich sein muss.

---

[244] Sowohl laut Quotienten- als auch Differenz-Berechnung.

6.2   Modellierungsgrundlage

6.2.1   Ist-Analyse

Anhand der bestehenden Prozessdokumentation werden Anzahl und Struktur der Prozesse und die zu Grunde liegenden Modellierungsregeln ermittelt. Ziel der Analyse ist eine Prozessdefinition, dass heißt eine Übersicht, welche Prozesse modelliert werden müssen. Es ist wichtig, dass sich die Standardisierung in diesem Fall (im Rahmen eines laufenden Projektes) so nah wie möglich an der bestehenden Dokumentationsbasis orientiert. Wenn die Veränderungen gering gehalten werden, kann dadurch der Aufwand des Redesigns in der Regel reduziert und die Akzeptanz zu den neu gestalteten Prozessen schneller hergestellt werden.

Eine Analyse hinsichtlich der **Prozessanzahl und Prozessstruktur** hat ergeben, dass es mehrere Prozessübersichten mit unterschiedlicher Anzahl gibt. Die Prozessstruktur, die laut Aussage des Projektleiters, den aktuellen Stand der eingeführten Prozesse am ehesten entspricht, ist in **Abbildung 6-1** dargestellt. Es gibt insgesamt sechs Bereiche in drei Ebenen (Bereiche: Finanzbuchhaltung, Controlling, Service, Logistik, Vertrieb und Stammdaten/Produktdaten). Alle Prozesse über die Bereiche zusammengefasst, sind auf der ersten Ebene 10 und 34 auf der zweiten.

Da der Fokus des Redesign auf der Darstellung der wichtigsten Prozesse liegen soll, wurde festgelegt, dass nur die Prozesse der ersten und zweiten Ebene bearbeitet werden.[245]

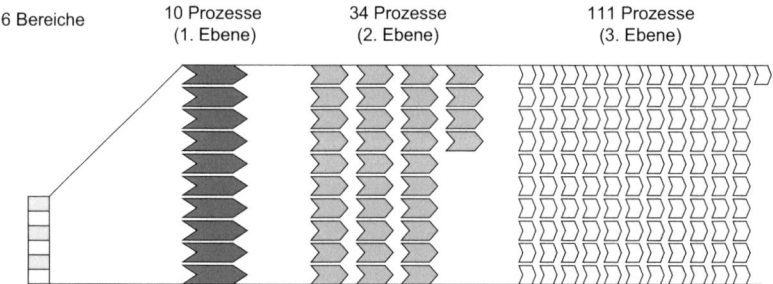

| 6 Bereiche | 10 Prozesse
(1. Ebene) | 34 Prozesse
(2. Ebene) | 111 Prozesse
(3. Ebene) |

Abbildung 6-1: SEA Prozessdokumentation vor der Standardisierung [ED][246]

Die 44 identifizierten Prozesse sind (bis auf einige Ausnahmen) im Pflichtenheft des SEA-Projektes beschrieben. Eine Adaption der Beschreibung und dadurch ein schnelles Redesign sind dennoch nicht möglich, da die vorhandenen **Prozessdarstellungen** sehr unterschiedlich in Inhalt und Qualität sind.[247] Ein Beweis dafür ist die

---

[245] Die Festlegung erfolgte durch Rücksprache mit den Projektteam und dem Projektverantwortlichen.
[246] Die Zahlen sind aus dem unternehmensinternen Dokument „Process identification".
[247] Zwei beispielhafte Abbildungen mit Kommentar sind im Anhang im Kapitel A 3 eingefügt. Die Prozessbeschreibungen sind stark aus der SAP-Systemsicht beschrieben sind und Prozessabbildungen fehlen zum größten Teil.

Tatsache, dass in den verfügbaren Prozessdarstellungen 25 verschiedene Symbole für die Beschreibung eines Arbeitsschrittes eingesetzt wurden.[248] In **Abbildung 6-2** sind Probleme in den Prozessdarstellungen aufgelistet.

- Falsche Funktionsbezeichnungen

- Keine durchgängige, einheitliche Beschreibung von Funktionen und Tätigkeiten

- Wechsel zwischen Daten-, Prozess- und SAP-Transaktionsbeschreibung

- Unterschiedliche Pfeillängen

- Verschiedene Pfeilarten z.B. andere Farbe oder gestrichelt/nicht gestrichelt

- Uneinheitliche Semantik, ungültige Semantik

- Viele Deadlocks (fehlendes Ende)

- Dargestellte, aber nicht existierende Subprozesse

- Wenig Prozesse in englischer Sprache

Abbildung 6-2: Auswahl der Probleme in den SEA-Prozessdarstellungen [ED]

Die Prozessbeschreibung besteht, sofern der Prozess vollständig beschrieben wurde, aus einer grafischen Darstellung und einem „erklärenden" Text. Eine **Vorlage** für die Prozessbeschreibung existiert, wird aber nicht konsequent angewandt. Außerdem fehlt eine **Verfahrensanweisung** für die Darstellung mit einer Auflistung und Beschreibung der wichtigsten Symbole und Regeln von Prozessen.

Der **Zugriff** auf die Dokumente erfolgt über einen Server für den die Mitarbeiter bestimmte Rechte (sehen, speichern, verändern) bekommen können.[249] Der Speicherort entspricht dem Kapitel im Pflichtenheft. Insgesamt erstreckt sich das Pflichtenheft in digitaler Form über 20 Ordner und 319 Dateien.[250] Ausgedruckt würde es mehr als 3000 Seiten umfassen. Die Darstellungen sind in vielen unterschiedlichen Dateiformaten hinterlegt, was wiederum den Zugriff erschwert, da die Programme installiert sein müssen und der Umgang mit der Software bekannt sein muss.[251]

Zusammenfassend kann folgendes Fazit zu der Prozessdokumentation gezogen werden: Die Standardisierung der Prozesse im Projekt wird durch diese Prozessdokumentation wenig unterstützt. Prozessdarstellungen und -beschreibungen sind uneinheitlich. Der Zugriff für den Mitarbeiter ist oft komplex. Sie sind aufgrund der unterschiedlichen Darstellungsformen, Inhalte und Abstraktionsgrade nicht vergleichbar und schwer verständlich. Auch Grundlagen, wie eine Vorlage, Verfahrensanweisung oder der Zugriff müssen überarbeitet werden.

6.2.2 Regelwerk und Vorlage für die Prozessmodellierung

Durch das zu definierende Regelwerk soll erreicht werden, dass über die einmalige Maßnahme der Standardisierung hinaus, Prozesse für das SEA-Projekt einheitlich, in hoher Qualität erstellt werden. Die zu entwickelnde Verfahrensanweisung soll allge-

---

[248] Siehe dazu im Anhang Abbildung 0-4.
[249] Die Rechte sind nicht automatisch für alle Mitarbeiter zugänglich.
[250] Stand 11.01.2005.
[251] MS Powerpoint, MS Word, MS Visio, Igrafx Flowcharter Version 7.0 und Version 2000.

meingültig, leicht verständlich und unternehmensübergreifend für jedermann verfügbar sein.[252]

Da es zum Zeitpunkt der Modellierung intern keine vorgeschriebene Methodik für die Beschreibung und Darstellung von Prozessen gab, wurden verschiedene ausgearbeitet, vorgestellt und im Rahmen einer gemeinsamen Besprechung bewertet.[253] Als Ergebnis wurde vereinbart, dass die neu modellierten Prozessdarstellungen auf keiner der bestehenden Methodik allein basieren sollte und dass eine Eigenlösung entwickelt wird (**Abbildung 6-3**). Die Nachteile bzw. der Aufwand haben gegen eine reine EPK- oder UML-Lösung gesprochen. Eine Eigenlösung ermöglicht die Integration von MECH spezifischen Besonderheiten und Forderungen.

Als Basis für die Verfahrensanweisung und die Vorlage diente das UML-Aktivitätendiagramm.[254] Symbolik und Teile der Regeln wurden übernommen und um einige Aspekte, wie zum Beispiel Daten und Messpunkte, ergänzt. Außerdem wurde ein Layout entworfen, welches logisch aufgebaut einen schnellen Zugang zum Prozessverständnis ermöglichen soll.

Name	Vorteil	Nachteil	Ranking
Eigenlösung	flexibel anpassbar	Unternehmenslösung, Entwicklungsaufwand	1.
UML-Aktivitätendiagramm	international anerkannt, schon vorhandenes Regelwerk	keine Methodenkompetenz (Erstanwendung), nur bestimmte Objektklasse	2.
Vorgangsketten-diagramm	einfache Darstellung	keine Abfragen möglich, wenig Inhalte übersichtlich darstellbar	3.
Ereignisgesteuerte Prozesskette (EPK)	national anerkannt, SAP-nahe Modelle	sehr aufwendig, fehlende Daten	4.

Abbildung 6-3: Argumentenbilanz der Modellierungssprachen [ED][255]

In der entwickelten Verfahrensanweisung wurden ausführlich die Inhalte und Regeln der neuen Herangehensweise erarbeitet. Der Aufbau des Dokuments erfolgte nach dem MECH Standard mit folgenden Beschreibungspunkten: Ziel, Geltungsbereich, Begriffe, Zuständigkeiten, Beschreibung, Hinweise und Anmerkungen, Dokumentation, Änderungsdienst, Verteiler und Anlagen.[256]

Um die Handhabbarkeit der neuen Verfahrensanweisung zu testen, wurden zwei Mitarbeiter mit wenig bzw. keiner Erfahrung in der Gestaltung von Prozessen ausgewählt. Bei einer anschließenden Prozessmodellierung konnten sie mit Hilfe der Vorlage und der Verfahrensanweisung eigene Prozesse richtig darstellen.

---

[252] Siehe dazu im Anhang Tabelle 0-1: Anforderungen an die Prozessmodellierung und die Beschreibung der verwendeten Symbole in im Anhang in Kapitel A 4.

[253] Nur die Symbole werden im Rahmen der Grundlagen des Prozessmanagements von MS beschrieben.

[254] Vgl. www.omg.org/uml, Abruf am 10.03.2005.

[255] Die Bewertung erfolgte in einer Besprechung von MS und SEA.

[256] Diese Beschreibungspunkte sind MECH-intern für Verfahrensanweisungen im MECH Handbuch im Intranet festgelegt.

Zu guter Letzt wurde die Verfahrensanweisung noch an alle Mitarbeiter verteilt (verschickt), die mit Prozessmodellen arbeiten und im Prozessspeicher hinterlegt.

6.2.3 Einbettung der Lösung in die MECH Prozesswelt

Bei der MECH AG werden Prozesse fast ausschließlich über den Prozessspeicher kommuniziert.[257] Um die SEA-Prozesse, die einen allgemein gültigen Standard darstellen, den Mitarbeitern zweckmäßig zur Verfügung zu stellen, wurden die erstellten Dokumente in das System von MS integriert. Dafür wurden im Vorfeld gemeinsam Begriffe vereinheitlicht und die zugrunde liegende Struktur der Schlüsselprozesse im Prozessspeicher verändert.[258]

Im Rahmen dieser Integration in die bestehende Prozesslandschaft haben die SEA-Prozesse intern den Namen „Templateprozesse (PIT)" erhalten.[259] Prozesse dieser neuen Prozessart werden in erster Linie den Schlüsselprozessen zugeordnet.

In **Abbildung 6-4** ist die (neue) Prozessstruktur der MECH Prozesswelt mit den PIT dargestellt. Der Mitarbeiter kann sich im Intranet über den Schlüsselprozess die SEA-Prozesse anzeigen lassen. Die bisherigen Beschreibungen der Schlüsselprozesse wurden durch PIT-Aspekte ergänzt.

---

[257] Vgl. Abbildung 3-2: Prozessspeicher des MECH Managementsystems.

[258] Anstatt vier gibt es jetzt fünf Schlüsselprozesse. Aus dem einen Prozess „Produktion, Dienstleistung" wurden die zwei Prozesse „Produktion, Logistik" und „Service". Die Abbildung 3-2 zeigt schon den aktualisierten Prozessspeichers. Die alte Version mit vier Schlüsselprozessen hatte zuvor vier Jahre bei MECH bestand.

[259] PIT steht für Prozess Identifikation Template in Anlehnung die bestehenden Prozesse, die PI heißen, aber nicht als Referenzlösung gelten.

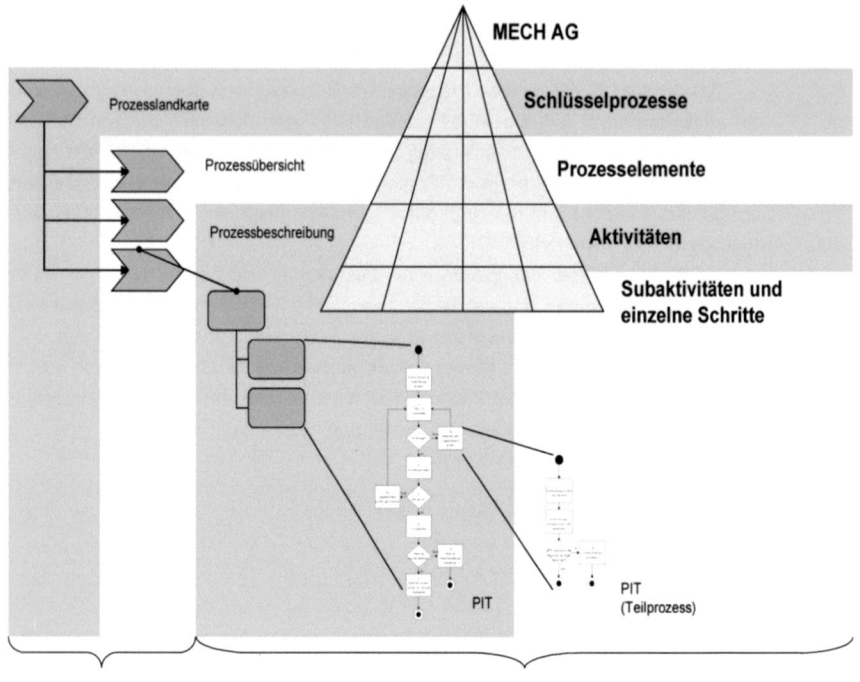

Abbildung 6-4: Einbettung der SEA-Prozesse [ED][260]

Eine wichtige Besonderheit ist die Verwendung von Messpunkten bei den neu erstellten Prozessdarstellungen. Durch die Angabe an welchem Schritt Werte, wie z.B. Anzahl der Produkte abgelesen werden sollen, lässt sich ein Bogen vom SEA-Projekt zu MS über die MECH Kennzahlen spannen. MS hat mit den Niederlassungen für ihre Geschäftsprozesse Kennzahlen und entsprechende Zielvorgaben vereinbart und diese werden zukünftig schon über die SEA-Prozessdarstellungen vermittelt.

6.3 Prozessmodellierung der Referenzprozesse

Im Rahmen der Modellierung wurden insgesamt 44 SEA-Prozesse neu gestaltet (siehe dazu **Abbildung 6-5**) Die Prozesse teilen sich in 7 Bereiche des Prozessspeichers auf (in Klammern die Anzahl der SEA-Prozesse).

---

[260] Die Grafik ist eine Weiterentwicklung der Abbildung 2-8 mit der konkreten Anwendung auf die Prozesse der MECH AG.

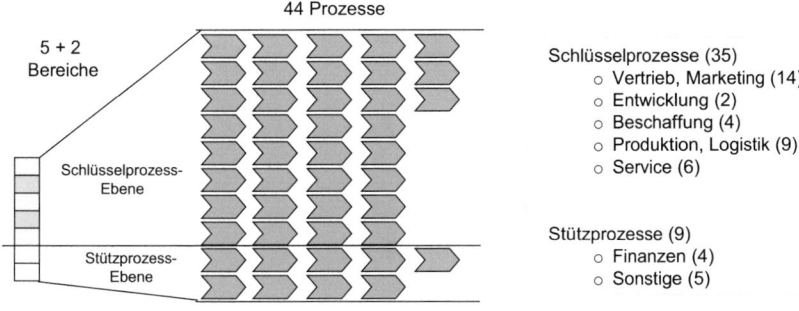

Abbildung 6-5: SEA-Prozesse nach der Standardisierung [ED]

Alle Prozesse sind in Zusammenarbeit mit den Prozessverantwortlichen, die den Prozess später auch einführen, gestaltet worden. Vor der endgültigen Veröffentlichung wurde ein Prozess mindestens von drei verschiedenen Personen überprüft.

Als ein Beispiel für den Aufbau und der Funktionalität, stellvertretend für die 44 Prozesse, ist aus dem Bereich Service der gleichnamige Prozess ausgewählt worden (siehe dazu **Abbildung 6-6**). Der Serviceprozess beschreibt die Annahme und Abwicklung von Serviceleistungen (Reparaturen, Retouren).

Die Version, die den Mitarbeitern zur Verfügung steht, beinhaltet neben dem dargestellten Prozessbild weitere Beschreibungen, wie Kurzbeschreibung, Ziel, Randbedingungen etc. Außerdem ist der gesamte Prozess inklusive der Beschreibung in einen Steckbrief eingebettet. Eine spezielle Kopf- und Fußzeile verrät weitere wichtige Informationen, wie Prozessverantwortlicher, Prozessprüfer, Datum, Version und Nummernschlüssel im Dokumentensystem.

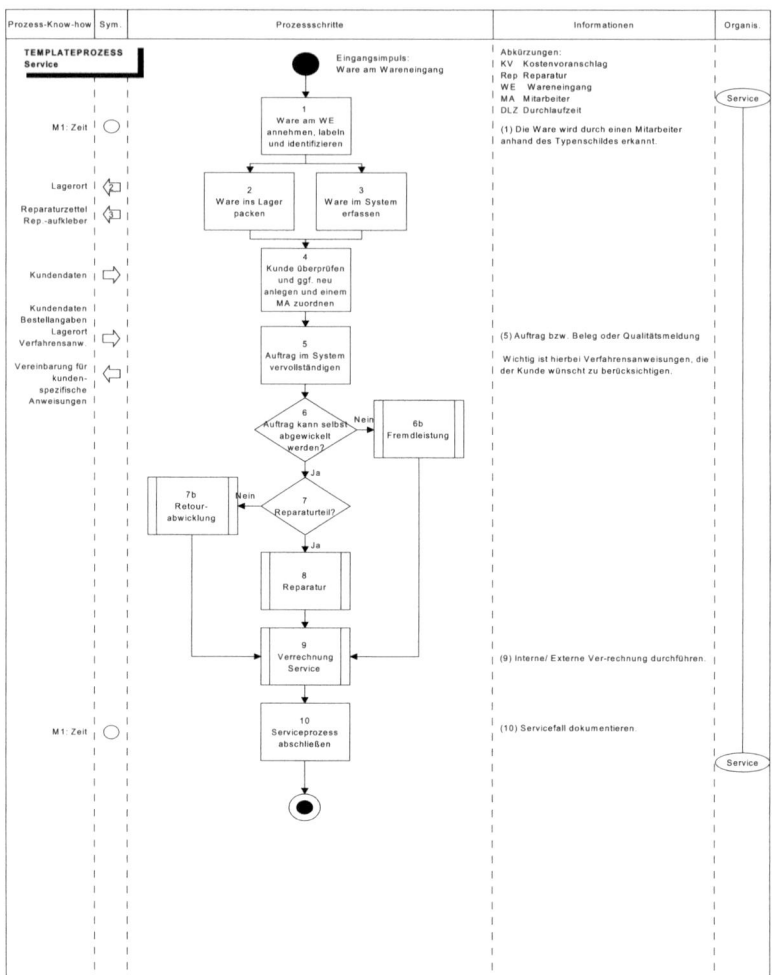

Abbildung 6-6: Referenzprozess Service [ED]²⁶¹

Alle Prozessdarstellungen sind gleich aufgebaut. Die dritte (mittlere) Spalte beschreibt den Prozessablauf. Links davon, in den ersten beiden Spalten, werden Dokumente, Daten und Messpunkte festgehalten, um einen schnellen Überblick über die zu
beziehenden und die zu erstellenden Dokumente (Daten) zu erhalten oder um zu wissen, an welcher Stelle etwas gemessen werden muss. Die Messpunkte sind besonders
wichtig, da sie die Grundlage für die Kennzahlen in den (Niederlassungsspezifischen)
Geschäftsprozessen darstellen. Wenn in dem Bild an den beiden Messpunkten die Zeit

abgelesen wird, dann muss am Ende die Möglichkeit bestehen, die Prozesskennzahlen für den Serviceprozess berechnen zu können.[262] Die Spalte „Informationen" beschreibt den Prozessschritt genauer, erklärt Abkürzungen oder Messpunkte. Die rechte Spalte zeichnet den Organisationsverlauf an. Da die Prozesse konzernweit gültig sind, muss ein entsprechend hoher Abstraktionsgrad (allgemeine Abteilungen) gewählt werden.

Alle Prozessschritte sind mit einer Nummer versehen, um innerhalb der Steckbriefe besser referenzieren zu können und um auch zukünftig einen besseren Bezug herstellen zu können. Ein mögliches Anwendungsbeispiel sind Schulungsunterlagen. Es kann welche geben, die nur die Prozessschritte 3-8 betreffen. Das wäre wiederum für den Mitarbeiter, der nach Prozessinformationen sucht, eine wichtige Zusatzinformation.[263]

Für eine schnelle Einordnung der Charakteristik der SEA-Prozesse wird in **Tabelle 6-1** der morphologische Kasten aus dem Grundlagenkapitel auf die neue Prozessart angewandt. Farblich hervorgehoben sind die Ausprägungen, die die erstellten Prozessmodelle erfüllen. Der Vorteil der Darstellung liegt in der Übersichtlichkeit und Vergleichbarkeit. Alle weiteren Prozessdokumentationen, wie z.B. Geschäftsprozesse könnten auch eingeordnet werden.[264]

Tabelle 6-1: Charakteristik der SEA-Prozesse[265]

Merkmal	Ausprägung				
Beschreibungssicht	Daten (Datenlisten, Datenflusspläne)	Funktionen (Aufgabenblätter, Funktionsbäume)	Organisation (Organigramm, Aufbau org. Einheiten)	Prozesse (Ablaufpläne, Prozesssteckbriefe)	
Geltungsanspruch	Istmodell		Sollmodell		Idealmodell
Geltungsbereich (Gültigkeit)	Abteilung		Unternehmen		Konzern
Inhaltliche Individualität	Unternehmensspezifisches Modell		Referenzmodell		Mastermodell (nur bei Anwendungssystemmodell)
Abstraktionsgrad	Ausprägungsebene (jede Einzelheit)	Typebene (Typenvertreter)		Metaebene (Modellbausteine)	Meta-Meta-Ebene (Syntax)
Beschreibungsform	Grafische Darstellung			Beschreibung in Textform	

---

[261] Ein Auszug aus der Verfahrensanweisung, die die verwendete Symbolik beschreibt, ist im Anhang hinterlegt.

[262] Anmerkung: In diesem Fall ist das voraussichtlich die Durchlaufzeit.

[263] Mit der Prozessnummerierung sind speziell bei einer Einführung von Informations- oder Wissensmanagement noch Potenziale vorhanden.

[264] Es ist denkbar, dass weitere morphologische Kästen für den Geschäftsprozess, den Schlüsselprozessen und die Prozesslandkarte erstellt werden.

[265] Die Ausgangsabbildung ist in Kapitel 2.4.3 erklärt.

Die SEA-Prozesse sind Prozessdarstellungen in Form von Prozesssteckbriefen. Der Bezug zu den anderen drei Beschreibungssichten ist über die verwendeten Objekte innerhalb der Prozessmodelle hergestellt. Die Prozesse sind im gesamten Konzern als Sollmodell gültig und haben den Status einer Referenzlösung. Die Art der Beschreibung unterscheidet sich von den anderen MECH-Prozessformen (Schlüsselprozesse, Stützprozesse und Geschäftsprozesse) dahingehend, dass sie ausführlicher und selbsterklärender sind (Ausprägungsebene). Im Gegensatz zu den üblichen Verfahrensanweisungen, wo in der Regel die Inhalte in Textform dargestellt sind, gibt es bei den SEA-Prozessen das grafische Modell und zusätzliche Beschreibungen, was wiederum das Verständnis erhöht.

6.4 Kommunikation der Lösung

Durch die Integration der Prozessdokumentation in die Intranetpräsenz von MS ist gewährleistet, dass alle Mitarbeiter Zugriff auf die Dokumente haben. Außerdem wird ein einheitlicher Auftritt in Prozessfragen gefördert.

Um die Veränderung zu kommunizieren und einen übergreifenden Bekanntheitsgrad zu erreichen, wurde eine Email an alle betroffenen Mitarbeiter gesendet.[266] Die Email beinhaltet neben der Information, dass die Prozesse in elektronischer Form zu Verfügung stehen, auch die Information zur Verbindlichkeit und die Intention der Prozesse.

Eine weitere Möglichkeit, die (in Zukunft) genutzt wird, um die neue Prozessart zu kommunizieren, ist die Veröffentlichung von Berichten in der Betriebszeitung (Mitarbeiterzeitung). Dabei wird langsam der SEA-Prozess als Standard allen Mitarbeitern vorgestellt und inhaltlich aufgebaut. In den Berichten werden neben der Erklärung und Intention der Prozessart, auch Anwenderberichte im Umfeld der SEA-Prozesse erscheinen.

Alle Beteiligten sind sich sicher, dass für eine vollständige Etablierung der Prozesse als Standard noch Zeit und fortlaufende Kommunikation nötig sein wird.

6.5 Bilanz der Prozessstandardisierung

Insgesamt wurden 44 Prozesse in sieben verschiedenen Kategorien des Unternehmens erstellt.[267] Fast alle Prozesse sind zweisprachig vorhanden. Es ist das erste Mal, dass es eine solche Bandbreite an Niederlassungsunabhängigen Prozessen für die MECH AG gibt.

In **Tabelle 6-2** sind die wesentlichsten Veränderungen aufgelistet. Sie zeigen welchen Fortschritt die Prozesse hinsichtlich der vorher verlangten Zielkriterien gemacht haben.[268] Eine Einarbeitung für neue oder vom SEA-Projekt betroffene Mitarbei-

---

[266] Die Email und die zugehörige Präsentation sind im digitalen Anhang im Ordner „04 Prozessredesign/Kommunikation".
[267] Der aktuelle Stand stellt voraussichtlich noch nicht den Endausbauzustand dar. Im Laufe des Redesign konnten Prozessdarstellungen wegen Dopplungen zusammengelegt werden und vollkommen neue Redesign-Bedarfe entstanden.
[268] In Anlehnung an die Zielkriterien aus dem Kapitel 4.1.3.1.

ter sollte durch die neu gestalteten Prozesse insgesamt einfacher und darüber hinaus das gemeinsame Prozessverständnis, gefördert werden.

Tabelle 6-2: Wandel der SEA-Prozessdokumentation

Kriterium	alte Prozessdokumentation		neue Prozessdokumentation
Dokumenten-qualität, Verständnis	Viele verschiedene Symbole	→	Einheitliche, festgelegte Symbolik
	Unterschiedliche Funktionsinhalte (Daten, SAP-Transaktionen, Tätigkeiten)	→	klare Einteilung der darzustellenden Inhalte
	Viele Layoutvarianten	→	Ein Layout gemäß Vorlage
	Viele Deadlocks, Anfänge und Enden; keine Modellierungsregeln	→	Verfahrensanweisung zur Prozessmodellierung
Kenntnis	Lokale Speicherung in Ordnern mit zum Teil redundanter Datenhaltung	→	Prozesse strukturiert im Prozessspeicher entsprechend der Schlüsselprozesse
Zugriff	Speicherung auf Server (eingeschränkter Zugriff)	→	Speicherung in einer LOTUS-Notes-Datenbank mit weltweitem Zugriff über das Intranet
	Unterschiedliche Dateiformate	→	Word-Format
Mehrsprachig-keit	Nur deutschsprachige Prozesse	→	(Fast) alle Prozesse in deutscher und englischer Sprache
Standard	kein übergreifend gültiger Standard	→	kommunizierter, verbindlicher MECH-Standard
	Nummernvergabe nach Pflichtenheftkapitelnummer	→	Nummernvergabe nach MECH-Nummernschlüssel von MS

Ein großer Vorteil der Darstellungen liegt unter anderem darin, dass durch die Spalten und die entsprechenden Symbole sowohl der Kontroll- als auch der Datenfluss durch die erstellten Prozessmodelle unterstützt werden.[269] Die Prozessdokumentation ist so gewählt, dass es möglich ist, weitere Modelle darauf aufzubauen (wie z.B. Datenflussmodelle) oder die Modelle mit bestehenden Dokumentationen (z.B. Kennzahlenkatalog) zu verknüpfen.

Der Nutzen durch den neuen Prozessstandard entsteht langfristig vor allem in der dauerhaften Nutzung durch die MECH Niederlassungen. Hierfür gibt es bereits einige konkrete Beispiele:

- SEA nutzt die Prozesse, um bei neu zu integrierenden Niederlassungen, diese auf den Wandel durch das Customizing[270] vorzubereiten. Der individuelle Zugang zu den Prozessen erfolgt leichter und die Prozessdokumentation ist vollständiger.

- Die Niederlassungen nutzen die Prozesse, um ihre eigenen Prozesse entsprechend dem Standard zu berichtigen.

- MS nutzt die Prozesse als Unterstützung, um Prozessmanagement bei den Niederlassungen einzuführen. In Dänemark zum Beispiel wurden die Geschäftsprozesse auf Basis der SEA-Referenzprozesse entwickelt. Die Folge ist, dass die Prozesse in ihren Abläufen einer abstrahierten Form der Referenzlö-

---

[269] Vgl. [ROS96], S. 13.
[270] = Einführung in das SAP-System mit Reorganisation der Prozesse.

sung entsprechen und somit wichtige Ablaufpunkte und Prozessbegriffe einheitlich sind.

Zusammenfassend ist die grafische Standardisierung ein wichtiger Schritt zur Verbesserung des Prozessmanagements gewesen. Jedoch ist so ein Projekt, welches sich in erster Linie auf die Darstellung beschränkt hat, nicht sofort abgeschlossen. Es ist wichtig, weiterhin für die Prozesse „Marketing" zu betreiben und auch Veränderungen zuzulassen und einzubauen. Die nächste wichtige Weiterentwicklung, aufbauend auf dem bisher erreichten, kann zum Beispiel die Integration der Prozesse im SEA-Change Management sein, um auch zukünftig den Standard zu leben.

Durch eine konsequente Anwendung der neuen Standardprozesse lassen sich Reibungsverluste reduzieren und das Prozessverständnis erhöhen. Gerade im Bereich des Supply Chain Managements ist ein gewisser Prozessstandard erforderlich. Langfristig sollten alle Prozesse nahezu dem Standard entsprechen, um somit den Aufwand bei der Prozessdefinition, Prozessablaufgestaltung und der Audits für die Niederlassungen erheblich zu reduzieren.

7 Zusammenfassung und Ausblick

Ziel dieser Arbeit war, das bestehende Prozessmanagement zu untersuchen und aufzuzeigen, welche Verbesserungspotenziale existieren und wie zukünftig ein besseres Prozessmanagement aussehen kann.

Da Prozessorientierung in der Handlung der Mitarbeiter in den seltensten Fällen durch Regeln und Vorschriften erreicht werden kann,[271] wurde in dieser Arbeit versucht, auch andere Wege mit aufzuzeigen. Dabei ging es vordergründig um die Frage, wie ein verbessertes Umfeld für das prozessorientierte Handeln geschaffen werden kann.

Prozessmanagement ist seit Jahren ein unerlässliches Werkzeug, um Geschäftserfolg zu haben. Es ist ein „Managementdauerbrenner", da es sich selber ständig weiterentwickelt und auch weiterentwickeln muss. Diese Arbeit liefert eine Grundlage für die Weiterentwicklung des Prozessmanagements der MECH AG.

Rückblickend hat die Ist-Analyse gezeigt, wo Schwachstellen im aktuellen Prozessmanagement waren bzw. sind und wie diese zusammenhängen. Durch die verschiedenen Blickwinkel der Betrachtung wurde ein abstraktes, aber auch ganzheitliches Bild des Systems erstellt, worauf die weiteren Kapitel aufgebaut wurden. Es wurde gezeigt, dass das Prozessmanagement bei der MECH AG (fast) alle theoretischen Kriterien erfüllt, jedoch auch Entwicklungsmöglichkeiten bestehen. Das erarbeitete Kernproblem ist die fehlende Ganzheitlichkeit, geprägt durch die vielen verschiedenen Insellösungen. Prozesse und Prozessmanagement werden nicht zentral, von einem Punkt, in allen Facetten eingeführt und unterstützt. Als Folge dieses Umstands wird Prozessorientierung bei der MECH AG nicht konsequent in allen Bereichen gelebt, sondern nur dort, wo es gelebt werden muss.

Durch die Vision und den Maßnahmenkatalog wurde ein konkretes Bild eines zukünftigen Prozessmanagements skizziert. Ein ganzheitliches Prozessmanagement als Dienstleistung kann die Lücke zu einem gelebten und effektiveren Prozessmanagement schließen. Außerdem würden dadurch frühzeitig die Weichen für einen Übergang des SEA-Projektes zum „SEA-Support" gestellt werden.

Die Bewertung des Maßnahmenkatalogs hat gezeigt, dass eine grundsätzliche Bereitschaft auf beiden Seiten (MS und SEA) für eine Zusammenarbeit besteht. Allerdings wäre das beschriebene Konzept ein erheblicher Wandel, so dass darüber hinaus auch die Unternehmensführung hinter einer solchen „Neu-Ausrichtung" stehen müsste.

Wenn die Bewertungen der Maßnahmen aus dem Maßnahmenkatalog einzeln betrachtet werden, gibt es eine klare Aussage darüber, welche akzeptiert sind und in welchen Bereichen die Potenziale gesehen werden. Vor allem weniger abstrakte Problemgruppen (A bis F) sind positiv bewertet worden. Vom Standpunkt der Ganz-

---

[271] [SCH04], S. 48.

heitlichkeit aus fanden bedauerlicherweise Punkte, wie der Aufbau einer Prozessberatung oder die Entwicklung einer Lösungskompetenz weniger Zuspruch. Der Hand-
lungsbedarf und die positive Wirkung auf das Gesamtsystem wurden mehrfach aufgezeigt. Es besteht die Gefahr, dass nur Maßnahmen umgesetzt werden, bei denen eine
direkte Wirkung gesehen wird und die einen persönlichen Nutzen bringen.

Positiv hervorzuheben ist, dass rückblickend der skizzierte Handlungsplan auf
einem guten Weg ist. Über ein Drittel der Maßnahmen wurden im Laufe der Bearbei-
tungszeit begonnen und teilweise sogar schon abgeschlossen.[272] Sie sind der Beweis
dafür, dass sich das Prozessmanagement bei der MECH AG verändert. Die Standardisierung der SEA-Prozessdarstellungen ist dafür ein wesentlicher Schritt gewesen, da
über dieses Teilprojekt Erfolge, auch in Bereichen über die Prozessdarstellungen hinaus, erzielt werden konnten. So hat sich zum Beispiel die Kommunikation und Zusammenarbeit zwischen MS und SEA im Rahmen der Modellierung stark verbessert.[273]
Außerdem konnte durch die Integration der SEA-Prozesse in den Prozessspeicher
Begriffe vereinheitlicht, das Prozessspeicher-Design verbessert und eine gemein-
schaftliche Öffentlichkeitsarbeit initiiert werden.

Themenstellungen, die aufbauend auf den Ergebnissen des Projektes untersucht
werden sollten, sind vor allem den Bereichen Prozesscontrolling, Wissensmanagement
und Partizipation an der Prozessorientierung zuzuordnen.

Durch die ständig steigende „Informationsflut" wird es entscheidend werden, wie
Managementwissen strukturiert aufbereitet, einen Mehrwert für den Mitarbeiter bei sei-
nem Handeln haben kann. Aspekte, wie das Erzeugen von Bereitschaft und Verpflichtung gegenüber der Prozessorientierung, sind dabei genauso wichtig, wie die richtige,
auf die Personenkreise abgestimmte Vermittlung relevanter Inhalte.[274]

Neue Informationstechnologien werden auch neue Wege im prozessorientierten
Wissensmanagement ermöglichen.[275] Zum Beispiel könnte bei der MECH AG ein gemeinsames „Process Warehouse" im Intranet, die Inhalte des aktuellen Prozessspeichers mit Informationen und Dienstleistungen kombinieren.[276] Ziel ist ein Informations-
konzept zu erarbeiten, welches schnell und flexibel Prozessprobleme löst, Wissen organisiert und bei Prozessoptimierung unterstützt.

Die Vernetzung der Managementkonzepte wird auch in Zukunft weiter zunehmen. In diesem Bereich fehlt es noch an theoretischen Grundlagen, woraus sich geeig-
nete Strukturen und Herangehensweisen für ein Unternehmen aufbauen lassen.

---

[272] 16 von 45 Maßnahmen (36%). Siehe dazu im Anhang Tabelle 0-3.
[273] Auch bei der übergreifenden Kommunikation hat sich durch die Beteiligung der Assistentin des Vor-
standes etwas getan.
[274] Prozesse und Prozessmanagement gelten nach wie vor bei den Mitarbeitern häufig als komplex und
undurchsichtig.
[275] Zum Beispiel durch die Einführung eines Content Management Systems.
[276] Vgl. [ABE02], S. 107.

Um ein höheres Vertrauen der Mitarbeiter gegenüber der Methodik „Prozessmanagement" zu erreichen, ist ein praktikables Prozesscontrolling erforderlich, welches auch die eigene Leistungsfähigkeit des Prozessmanagements beurteilen kann. Der Nachweis der Wirksamkeit oder mögliche Reifegrade eines Prozessmanagements sind zwei Aspekte, die sowohl in der Theorie als auch in der Praxis bisher wenig Beachtung gefunden haben.

Zusammenfassend sind in dieser Arbeit viele Anregungen zu einer Verbesserung ganzheitlich ausgearbeitet worden. Der Veränderungsprozess ist kontinuierlich ins Rollen gekommen. Positive Beispiele, wie die neuen SEA-Prozesse, der Wandel des Prozessspeichers oder die intensivere, bereichsübergreifende Kommunikation, beweisen die Durchführbarkeit des Konzeptes.

Wenn in vier bis fünf Jahren das SEA-Projekt abgeschlossen ist und alle Niederlassungen mit einem einheitlichen System arbeiten, wird es einen noch höheren Bedarf an einem effizienten und ganzheitlichen Prozessmanagement geben. Es liegt an den beteiligten Personen, was neben dem bisher Erreichten in Zukunft anerkannt, eingeleitet und umgesetzt wird.[277]

---

[277] Zumeist scheitert der Wandel nicht am Konzept sondern an der Umsetzung ([SPA98], S. 13).

Anhang

Übersicht

A 1. Modellieren einer Current Reality Tree nach Goldratt

Folgende 10 Schritte sind für Modellierung einer Current Reality Tree erforderlich:[278]

1. Identifizieren des Kontrollbereiches und des Einflussgebietes.
2. Erstellen einer Liste mit unerwünschten Effekten (oder Wirkungen).
3. Beginnen den Current Reality Tree (CRT).
4. Verbinden der beiden ersten Unerwünschten Effekte (UDEs).
5. Verbinden der anderen UDEs.
6. Weiterbauen der Ursache-Wirkungskette abwärts
7. Rückbezeichnen der UDEs.
8. Identifizieren der Grundursache (CP- Core Problems).
9. Untersuchen, ob es V-Formen oder fehlende Verbindungen gibt.
10. Entscheiden, welchen CP(s) man „angreift".

---

[278] Eine genaue Erklärung der Methodik ist in dem Buch von Dettmer („Theory of Constraints", McGraw-Hill Education, 1997).

A 2. Zielbaum (große Darstellung)

Abbildung 0-1: Zielbaum mit Kennzahlen [ED]

A 3. Alte Prozessdarstellungen

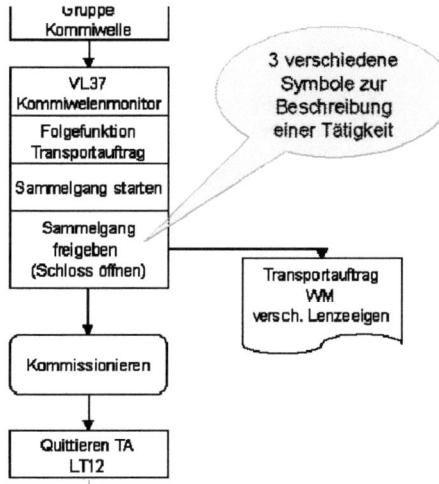

Abbildung 0-2: SEA-Prozessbeispiel 1 [ED]

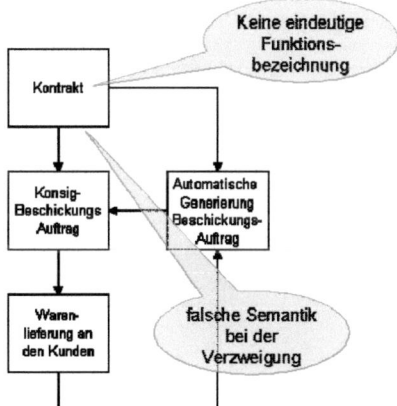

Abbildung 0-3: SEA-Prozessbeispiel 2 [ED]

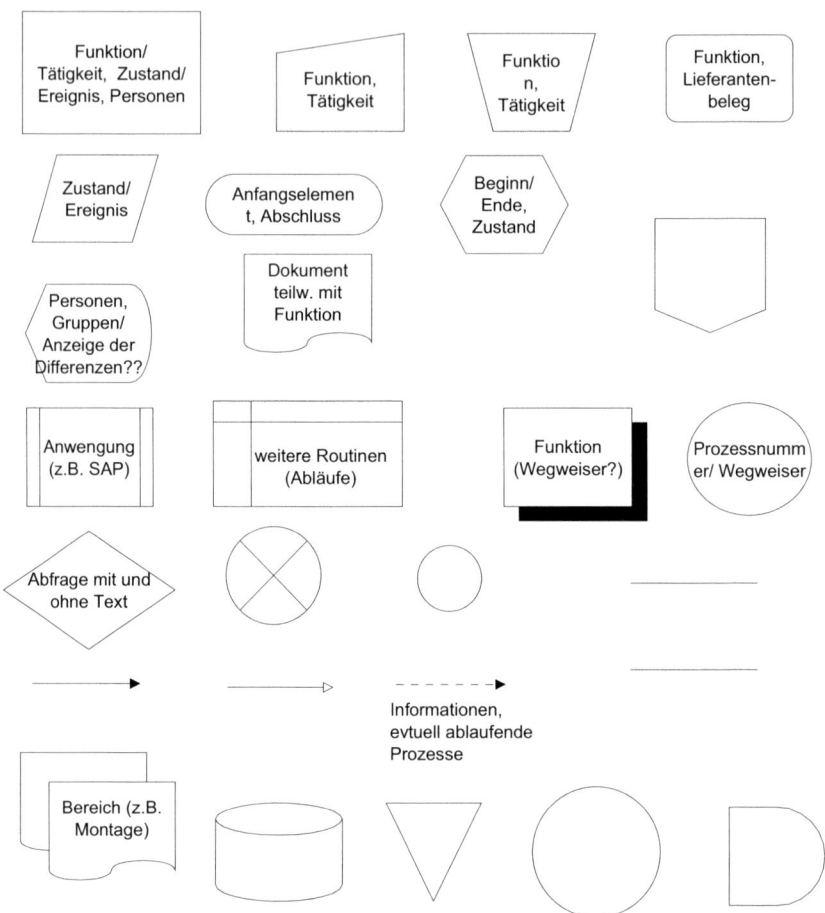

Abbildung 0-4: In der alten Prozessdokumentation verwendete Symbole [ED]

Tabelle 0-1: Anforderungen an die Prozessmodellierung[279]

Anforderungen an Prozessdarstellung:	Anforderungen an das Modellierungswerkzeug:
• korrekte Syntax und Semantik • einheitliche Symbolik • einheitliche Definition der Prozesse • folgende Informationen sollen durch den Prozess darstellbar sein: Input, Output, Funktionen, Abfragen, Informationen	• allgemein gültig • leicht verständlich • leicht erlernbar • übergreifende Visualisierung möglich

---

[279] Diese Anforderungen wurden im Rahmen von Gesprächsrunden zwischen MS und SEA festgelegt.

A 4. Beschreibung der Symbole der neuen Prozessdarstellung

Die nachfolgenden Symbole beschreiben die Objekte, die erforderlich sind um einen Prozess abzubilden. Für die folgenden Prozessdarstellungen werden NUR diese Symbole verwendet.

Aktivitäten sind einzelne Schritte im Prozessablauf.

• Die Aktivität wird immer mit SUBJEKT und PRÄDIKAT beschrieben. Kein Gerundium! (Beispiel: Prüfung Material → Material überprüfen)

Transitionen bzw. Pfeile beschreiben den Übergang von einer Aktivität zur nächsten und somit den Kontroll- und Objektfluss.

• Alle Pfeile werden mit durchgehenden Linien gezeichnet. Die Spitze zeigt auf die Folgeaktivität.

• In besonderen Ausnahmen können die Transitionen mit Bedingungen versehen sein, z.B. wenn bis zum folgenden Prozessschritt erst auf eine Kundenentscheidung gewartet werden muss.

Ein **Startknoten** ist der Startpunkt eines Ablaufs, ein **Endknoten** beendet den beschriebenen Ablauf.

• Der Start wird durch einen ausgefüllten Kreis dargestellt.

• Der Endknoten enthält zusätzlich einen Ring.

• NUR diese Symbole beginnen und beenden einen Prozess

Eine **Anwendung** weißt auf eine Subroutine hin, d.h. dass hinter der Anwendung ein weiterer Prozess angestoßen wird bzw. dass mehrere Prozessschritte hinterlegt sind.

• Es wird als Rechteck mit Strichen längs an der Seite dargestellt.

• Die Beschreibung der Anwendung steht im GERUNDIUM (z.B. „Terminfindung" anstatt von „Termin finden").

• Bei einer Anwendung ist immer ein entsprechender Prozess in einer anderen Darstellung zu hinterlegen. Wenn der Titel der Anwendung nicht mit dem Namen der Anwendung exakt übereinstimmt, muss dies vermerkt werden.

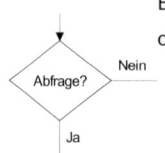

Eine **ODER-Verknüpfung** kann Prozesse aufteilen (= verzweigen) oder zusammenführen.

- Es wird als Raute mit EINER ABFRAGE dargestellt.
- Die Abfrage soll kurz, prägnant und interpretationsfrei sein.
- Die ausgehenden Pfeile dürfen NUR mit JA und NEIN beschriftet sein.

Eine **UND-Verknüpfung** kann einen Prozess aufteilen/ verzweigen oder mehrere Prozesse zusammenführen.

- Es sind 2 Pfeile die (ungefähr) auf gleicher Höhe zusammentreffen oder verzweigen.

A 5. Methodenübersicht

Tabelle 0-2: Methoden nach [GLI05]

Einteilungsaspekte				Methoden
Verbal argumentative Aspektbeschreibung				• Vorteile/Nachteile • Stärken/Schwächen • Chancen/Risiken • Delphi-Methode
Zeitabhängige Kriterien				• S-Kurve • Erfahrungskurve • Trendprognose der Umfeldentwicklung • Exponentielle Glättung • Szenario-Technik (Best-Case; Worst-Case; Trend-Extrapolation)
Zuordnungs- verfahren zu Klassen / Grup- pen	1 Merkmal			• Paretomethoden
	2 bis 3 Merkmale			• Portfolios
	mehr als 2 Merk- male	gleichzeitig		• Clusteranalyse
		aufeinande r-folgend		• Hierarchische Klassenbildung (Gruppierung)
Soll-Ist- Prüfung	Eigene Solldefinition			• KO-Verfahren • Checklisten • Benchmarking • Zielerfüllungsgrad • Quality Function Deployment (QFD) • Logistic Function Deployment (LFD) • Messung von Kundenpräferenzen
	Vorgabe eines Solls			• Gesetze • Regelungen • Richtlinien • Normen
Quantifizierung von Aspekten	Wirtschaftlich- keitsbetrachtungen	Nutzen / Aufwand		• Nutzwert-Analyse • Aufwandswertanalyse • Nützlichkeitsanalyse • Nutzwert-Kosten-Analyse • Erlös-Aufwandswert-Analyse • Bewertung mit Ökopunkten
		Dyna-mi- sche Wirtschaft- lichkeits- rechnung		• Kapitalwertmethode • Interne Zinswertmethode • Annuitätenmethode • Dynamische Amortisierungsdauer • Kalkulationsprinzip • Ersatzzeitpunktbestimmung • Nutzungsdauer
		Statische Wirtschaft- lichkeits- rechnung		• Kostenvergleichsrechnung • Gewinnvergleichsrechnung • Rentabilitätsrechnung • Break-Even-Analyse • Portefeuilleeffektanalyse • Erlösrechnung • Finanzplanrechnung
	Unternehmensbewertung			• Zukunftserfolgswertmethode • Ertragswertmethode • Substanzwertmethode • Übergewinnabgeltung
	Umweltbilanz			• Abfallbilanz • Rohstoffbilanz • Schadstoffbilanz
	Risiko			• Risikoanalyse
	Empfindlichkeit			• Sensitivitätsanalyse
	Entscheidungsnetz			• Entscheidungsbaumanalyse

A 6. Aufwand-Nutzen-Bewertung

Tabelle 0-3: Aufwand-Nutzen-Übersicht

B	Nr	Kurzbezeichnung	Status	mittlerer Aufwand	mittlerer Nutzen	Nutzen/ Aufwand	Nutzen-Aufwand
A	1	Modellierungsgrundlage	fertig	2,48	4,14	1,67	1,7
A	2	Redesign	in Bearbeitung	3,57	3,90	1,09	0,3
A	3	Kommunikation (Prozesse)	in Bearbeitung	2,71	3,90	1,44	1,2
B	1	Ist-Aufnahme	in Planung	2,78	3,61	1,30	0,8
B	2	Informationsaufbereitung	in Planung	3,71	3,76	1,01	0,0
B	3	Mehrsprachigkeit	in Bearbeitung	2,52	4,14	1,64	1,6
B	4	Kommunikation (Wissen)	Idee	2,48	4,29	1,73	1,8
C	1	Konformität	fertig	3,14	4,00	1,27	0,9
C	2	Verbesserung	in Bearbeitung	2,81	4,14	1,47	1,3
C	3	Sprachregelung	Idee	2,95	4,14	1,40	1,2
D	1	Grundlagen	in Planung	2,62	4,19	1,60	1,6
D	2	Strategie	Idee	3,19	4,14	1,30	1,0
D	3	Kompetenztransparenz	Idee	2,71	3,48	1,28	0,8
D	4	Schulung	Idee	2,95	3,62	1,23	0,7
D	5	Erfahrungsaustausch	Idee	2,10	3,43	1,64	1,3
D	6	Regelkreise	Idee	3,06	2,94	0,96	-0,1
E	1	Mitarbeiterzeitung	in Bearbeitung	2,52	3,24	1,28	0,7
E	2	Intranet	in Bearbeitung	2,33	3,48	1,49	1,1
E	3	Imagepflege	Idee	3,19	3,86	1,21	0,7
E	4	Ansprechpartner	Idee	1,86	2,71	1,46	0,9
E	5	Roadmap	Idee	2,24	3,38	1,51	1,1
E	6	Email	Idee	2,90	2,81	0,97	-0,1
F	1	Anreizsystem	Idee	3,39	3,44	1,02	0,1
F	2	Veränderungsmanagement	Idee	2,83	4,20	1,48	1,4
F	3	Vorschlagwesen	Idee	2,71	3,57	1,32	0,9
F	4	Verbindlichkeit	in Bearbeitung	2,52	3,14	1,25	0,6
G	1	Prozesslandkarte	in Bearbeitung	3,43	3,57	1,04	0,1
G	2	Prozessstruktur	Idee	3,95	4,00	1,01	0,0
G	3	Hilfestellung	Idee	3,56	3,22	0,91	-0,3
H	1	Regelverständnis	Idee	3,95	3,10	0,78	-0,9
H	2	Harmonisierung	Idee	4,38	2,90	0,66	-1,5
I	1	Informationskonzept	Idee	3,44	3,19	0,93	-0,3
I	2	Informationsplattform	Idee	2,95	2,90	0,98	-0,0
J	1	Personal	Idee	4,19	3,14	0,75	-1,0
J	3	Beratungsleistung	Idee	2,89	2,78	0,96	-0,1
J	4	Sensorik	Idee	3,57	2,71	0,76	-0,9
J	6	Benchmarking (Beratung)	Idee	3,10	2,86	0,92	-0,2
K	1	Blackboard	Idee	4,29	3,14	0,73	-1,1
K	2	Problemlösung	Idee	3,81	2,81	0,74	-1,0
L	1	Benchmarking (Prozesse)	Idee	4,24	3,19	0,75	-1,0
L	2	Prozessbestleistung	in Planung	4,00	3,71	0,93	-0,3
L	3	Prozessreife	Idee	4,00	3,14	0,79	-0,9
L	4	Managementreife	in Bearbeitung	3,14	3,29	1,05	0,1
L	5	Managementauszeichnung	Idee	2,86	2,71	0,95	-0,1
L	6	Kennzahlenkatalog	in Bearbeitung	3,43	4,43	1,29	1,0

Literaturverzeichnis

Bücher und Publikationen

Abecker, A., Hinkelmann, K., Maus, M., Müller, H.J.: Geschäftsprozessorientiertes Wissensmanagement, Springer Verlag, Berlin, 2002.

Abolhassan, F., Scheer, A.W., Kruppke, H.: Innovation durch Geschäftsprozessmanagement, Springer Verlag, Berlin, 2004.

Adam, D. u.a.: Komplexitätsmanagement: Schriften zur Unternehmensführung. Folge 61, Gabler, Wiesbaden, 1998.

Brahm, M. u.a.: Workflow Management mit SAP® WebFlow®, Springer Verlag, Berlin, 2003.

Doppler, K., Lauterburg, Ch.: Change Management – Unternehmenswandel gestalten, Campus Verlag, München, 1996.

Ellringmann, H., Schmelzer, H.J.: Geschäftsprozessmanagement inside, Carl Hanser Verlag, München, 2004.

Freitag, M., Schöne, Prof. R.: Wissensmanagement in KMU-Netzwerken, TU Chemnitz, Beitrag zu den Dresdener Innovationsgesprächen, 2000.

Schwendt, S., Funck D.: Integrierte Managementsysteme – Konzepte, Werkzeuge, Erfahrungen, Phyisca Verlag, Heidelberg, 2002.

Gaitanides, M. u.a.: Prozessmanagement: Konzepte, Umsetzungen und Erfahrungen des Reengineering, Carl Hanser Verlag, Wien, 1994.

Goldratt, E.: It's not luck, North Rivern Press, 1994

Hammer; M., Champy, J.: Business Reengineering. Die Radikalkur für das Unternehmen, Campus Verlag, Frankfurt am Main, 1994.

Hammer; M.: Das prozesszentrierte Unternehmen: Die Arbeitswelt nach dem Reengineering, Campus Verlag, Frankfurt am Main, 1996.

Helfrich, C.: Praktisches Prozessmanagement – Vom PPS-System zum Supply Chain Management, Carl Hanser Verlag, München, 2002.

Institut für angewandte Arbeitswissenschaften: Wissensnutzung in Klein- und Mittelbetrieben, Institut für angewandte Arbeitswissenschaften e.V., Köln, 2004.

Krüger, W.: Organisation im Unternehmen, Kohlhammer Verlag, Stuttgart, 1994.

Kostka, C., Mönch, A.: Change Management – 7 Methoden für die Gestaltung von Veränderungsprozessen, Carl Hanser Verlag, München, 2002.

Mandl, H., Fischer F.: Wissen sichtbar machen, Hogrefe Verlag, Göttingen, 2000.

Picat, Reiwald, R., Wigand: Die Grenzenlose Unternehmung, Gabler Verlag, Wiesbaden, 2001.

Reichwald, R., Höfer, C., Weichselbaumer, J.: Erfolg von Reorganisationsprozessen – Leitfaden zur strategieorientierten Bewertung, Schäffler-Poeschel Verlag, Stuttgart, 1996.

Reiß, M., v. Rosentstiel, L., Lanz, A.: Change Management: Programme, Projekte und Prozesse, Schäffer-Poeschel Verlag, Stuttgart, 1997.

Rosemann, M.: Komplexitätsmanagement in Prozessmodellen: methodenspezifische Gestaltungsempfehlung für die Informationsmodellierung, Gabler, Wiesbaden, 1996.

Scheer, A.W.: Wirtschaftsinformatik – Referenzmodelle für industrielle Geschäftsprozesse, Springer Verlag, Saarbrücken, 1998.

Schönsleben, P.: Integrales Logistikmanagement: Planung und Steuerung von umfassenden Geschäftsprozessen, Springer, Berlin, 2000.

Schwab, J.: Geschäftsprozessmanagement mit Visio, ViFlow und MS Project – Prozessoptimierung als Projekt, Carl Hanser Verlag, München, 2003.

Schmelzer, H.J., Sesselmann, W.: Geschäftsprozessmanagement in der Praxis, Carl Hanser Verlag, München, 2004.

Spalink, H.: Werkzeuge für das Change Management: Prozesse, Frankfurter Allgemeine Zeitung GmbH, Frankfurt am Main, 1998.

Striening, H. D.: Prozessmanagement, Lang Verlag Berlin, 1988.

Vester, F.: Die Kunst vernetzt zu denken, Deutscher Taschenbuch Verlag GmbH & Co. KG, München, 2002.

Richtlinien und Schriften von Verbänden

DIN EN ISO 9000: Qualitätsmanagementsysteme: Grundlagen und Begriffe, Beuth Verlag, Berlin, 2000.

DIN EN ISO 9001: Qualitätsmanagementsysteme: Anforderungen, Beuth Verlag, Berlin, 2000.

Qualitätsmanagement in der Automobilindustrie, Band 12 Prozessorientierung, Verband der Automobilindustrie e.V. (VDA), 2002.

Qualitätsmanagement in der Automobilindustrie, Band 6 Prozessaudit, Teil 3, Verband der Automobilindustrie e.V. (VDA), 1998.

Publikationen, Zeitschriften, Skripte

be.st (benchmarking for sustainability): Handlungsanleitung zur Entwicklung der Prozessreife in prozessorientierten Unternehmen, Projektbericht im Rahmen des Projektes „Kooperatives nachhaltigkeitsorientiertes Benchmarking", 2004.

Frank, Prof. Dr. M.: White Paper – Kompetenzmanagement, Institut für e-Management e.V., Köln, 2004.

Glistau, Dr. E.: Methodensammlung, Otto-von-Guericke Universität, Magdeburg, 2004.

Hammer, M.: Mit Überlegenheit zum Marktanteil, S. 34-37, is report, Ausgabe 8/2003.

IDS Scheer AG: Business Process Report 2004, München, 2004.

IDS Scheer AG: Business Process Report 2005, München, 2005.

Jarz, E. M.: Skriptum Geschäftsprozesse, Publikation, fhs Kufstein Tirol, 2003.

Knuppertz, T.: Geschäftsprozeßmanagement – ein Erfolgshebel, FAZ am 11.10.2004, S. 18.

Lambrecht, H.: Prozessstrukturierung als Grundlage eines prozessorientierten Managementsystems. Diplomarbeit an der FH Hildesheim/Holzminden/Göttingen,2002.

Lenz, G.: Prozessorientiertes Wissensmanagement, Zeitschrift ZWF, S. 432-436, Ausgabe 97, Carl Hanser Verlag.

Vorlesung Logistik Prozessanalyse (LPA), Otto-von-Guericke Universität, Magdeburg, 2004.

Vorlesung Logistik Systemplanung (LSP), Otto-von-Guericke Universität, Magdeburg, 2005.

Mummert Consulting: Managementkompass – Prozessmanagement, F.A.Z. Institut, Frankfurt 2005.

Vorlesung Organisation und Personalentwicklung, Otto-von-Guericke-Universität, Magdeburg, 2004.

Pfeifer, T., Tillmann, M., Wimmer, M.: Prozesskettenoptimierung – Mit der IPO-Systematik innovativ zu ganzheitlichen Lösungen, REFA-Nachrichten 6/2003, S. 4-12.

Schindler, E.: Prozessmanagementhandbuch, www.ancoso-development.de, Abruf am 16.02.05.

Seidelmann, U.: Revolution in der Prozessdarstellung, Zeitschrift Qualitätsmanagement, Carl Hanser Verlag, München, Ausgabe 12/1998.

Vorlesung Systems Engineering (SYSE), Otto-von-Guericke Universität, 2002.

Reiß, Prof. M.: Better Business Reengineering, is report, Ausgabe 8/2003, S. 50.

Willann, T.: Untersuchung und Standardisierung des Anfrage-Angebotsprozesses, Studienarbeit, Otto-von-Guericke-Universität, Magdeburg, 2004.

Internetquellen

www.beracon.de Abruf am 11.12.2005

www.bpm-guide.de Abruf am 16.02.2005

www.grenzenlose-unternehmung.de Abruf am 10.03.2005

www.hanser-verlag.de Abruf am 03.04.2005

www.infos.aus-germanien.de Abruf am 24.03.2005

www.omg.org/uml Abruf am 10.03.2005

www.zukunftsweg.de Abruf am 10.10.2005

www.kfunigraz.ac.at Abruf am 23.04.2005